DIFANG ZHENGFU QUANZE QINGDAN ZHIDU
JIANSHE YANJIU

地方政府权责清单制度建设研究

夏德峰 著

南开大学出版社
NANKAI UNIVERSITY PRESS

天 津

图书在版编目(CIP)数据

地方政府权责清单制度建设研究 / 夏德峰著.
天津：南开大学出版社，2025.6. -- ISBN 978-7-310-06737-4

Ⅰ.D625

中国国家版本馆 CIP 数据核字第 20255D6B38 号

版权所有　侵权必究

地方政府权责清单制度建设研究
DIFANG ZHENGFU QUANZE QINGDAN ZHIDU JIANSHE YANJIU

南开大学出版社出版发行
出版人：王　康
地址：天津市南开区卫津路 94 号　邮政编码：300071
营销部电话：(022)23508339　营销部传真：(022)23508542
https://nkup.nankai.edu.cn

天津泰宇印务有限公司印刷　全国各地新华书店经销
2025 年 6 月第 1 版　2025 年 6 月第 1 次印刷
240×170 毫米　16 开本　12.5 印张　3 插页　206 千字
定价:69.00 元

如遇图书印装质量问题,请与本社营销部联系调换,电话:(022)23508339

前　言 | Preface

　　优化政府职责体系是坚持和完善中国特色社会主义制度、推进国家治理体系和治理能力现代化的必然要求，而权责清单制度则是构建政府职责体系的基础性制度设计。权责清单作为转变政府职能、简政放权、规范行政权力的重要抓手，经过近十年的建设与发展，在推动政府行政权力配置科学化、公开化等方面取得了显著成效。然而如何认识地方政府权责清单制度创设与扩散的模式？如何理解地方政府权责清单制度过程与动态调整机制？权责清单制定者、行政权力行使者和社会公众等制度相关人对权责清单制度实施成效评价如何？澄清这些问题亟须学界进行系统总结。基于此，本书探讨了权责清单制度的建设发展、动态调整、实施成效和应用场景等问题，提炼了权责清单制度转化为国家治理效能的过程和机制，积极回应了权责清单制度实践存在的困惑，并提出相应的改进方案。

　　本书主要探讨了以下几个重要问题。

　　第一，回顾了权责清单制度"试点—推广—调整"的实践演进，探讨了权责清单制度建立与发展的时代动因与现实要求；横向比较了浙江模式与安徽模式的特点，探讨了权责清单细分标准与数目、行政权力与责任分类、行政权力数量方面存在的差异；分析了不同省份和地区权责清单制度建设状况的影响因素。在此基础上对权责清单制度创新的空间、持续性进行了分析，提出应加强省级统筹权责清单规范性的政策建议。

　　第二，探讨了地方政府权责清单制度建设的过程与行为，并梳理了权责清单编制的"清权""确权""晒权""调权"与"制权"等不同流程阶段，从组织场域视角将清单的推进路径归纳为领导推进机制、动员激励机制、保障机制等。通过河南省权责清单的构建情况，并结合案例分析，提炼了权责清单制度建设过程的推进机制，归纳出目前存在的挑战，如理顺政府职能难、放权后的"接盘"成为新难题、放权赋权承接机制不完善等问题。

第三，动态跟踪了地方政府权责清单制度动态调整的过程。根据问卷调查和访谈结果，结合省辖市市级与县级权责清单动态调整的实践案例，提炼出权责清单动态调整阶段存在的主体部门认知与重视不足、上下级交流不畅、相关法律依据适用难、周期冗长、承接缺失、监督机制不健全等问题，并据此提出针对性对策。

第四，对权责清单制度实施以来的运行成效进行了实证研究。基于马克思主义政治学的基本立场与方法，构建了权责清单质量、输出标准、输入标准等评价维度，对权责清单制定人员、政府行政工作人员和社会公众等不同制度相关人分别进行了实证研究，在样本抽样上也区分了中国西部、中部与东部地区，探讨了权责清单实施存在的理念、制度、行为和技术等层面问题，并在此基础上进一步提出健全和完善清单制度体系，以标准化、规范化保障制度的有效执行，拓展功能及应用场景，构建数据同源、相互衔接、职责明晰的清单管理制度体系。同时，在国家治理体系和治理能力的改革框架内提出了改革系统性和交互性的顶层设计建议。

本书坚持方法自觉和理论追求，基于坚实的经验研究，探寻地方政府权责清单制度实践中的"真问题"，注重在回应问题中进行理论建构。在宏观层次，本书历时性考察了权责清单制度的试点、推广、改造和深化的演进，共时性比较了不同实践样式的共性和差异，提供了在国家治理体系和治理能力现代化进程中理解制度创新和扩散的实践阐释。在中观层次，本书注重权责清单制度构造和调整的政策过程、权责清单制度的运行流程及其应用场景，尝试基于具体经验提出"三单融合"的理论主张，进一步丰富我国政府治理理论的中层分析框架，为优化我国公共权力配置及改进运行机制提供建议。在微观层面，本书基于科学的实证方法深化对地方政府行为的理解，从清单质量、输出成效、输入评价三个维度，比较权责清单制定者、行政权力行使者和社会公众三方面制度相关人的评价，系统分析权责清单制度的实施成效及其影响因素，探寻制度转化为国家治理效能的机制过程，并对权责清单制度建设提出系统的改进建议。

本书是基于我的国家社科基金项目修改完善而成的，是对我长期关注的政府职责体系和放权赋能主题的阶段性成果的展示。在本书的撰写过程中，我先后赴浙江、上海、江苏等地进行了调研，在河南省委编办和河南省各辖市编办的大力支持和配合下，我对河南省一些地市进行了实地调研、访谈和资料搜集。本书在东部地区调研样本的获取，得益于中央编制管理研究会与江苏省编办等的积极联系；利用本人所在的区位优势，中部地区的样本获取我广泛动员郑州大学、河南大学毕业的MPA政府学员，并联系了编制部门、行政服务中心等机构的公务人员；西部地区政府行政人员调研样本的获取，我要感谢云南大学、贵州大学等老师以及他们的MPA学员的支持。此外，样本获取还得到了广西、四川、陕西、甘肃等政府人员和党校教师的支持。对权责清单编制人员的访谈，本书得到了河南省编办罗文、朱亚娟、华夏等同志的支持和动员，以及洛阳编办王振京科长、郑州编办李刚科长、新乡编办高有军主任、商丘编办孙维主任、开封编办孙文学主任等同志给予的积极动员和组织，访谈丰富了本研究的实证内容，提升了研究特色，在此一并表示感谢！成果能够顺利完成，我的研究生刘振鹏、程贺欣、于杨等在调研、资料分析和修改校对等方面付出了很多，在此深表谢意！由于本书撰写的时间跨度比较长，所获取的资料与作者水平所限，书中不当之处在所难免，诚望各位同行专家和读者朋友批评指正。

目 录 Contents

第一章 绪 论 ·· 1
    第一节 研究背景与研究问题 ·· 1
    第二节 研究目标与研究意义 ·· 2
    第三节 文献综述 ··· 4
    第四节 研究内容与研究方法 ·· 29

第二章 权责清单制度的基本理论与实践要求 ································ 41
    第一节 权责清单制度的基本概念 ··· 41
    第二节 权责清单制度的基本功能 ··· 44
    第三节 权责清单制度建设的基本原则 ······································· 46
    第四节 权责清单制度建设的发展 ··· 47
    第五节 权责清单制度建设的配套改革跟进 ································ 48

第三章 地方政府权责清单制度创新和扩散的模式机制 ··················· 52
    第一节 权责清单制度创新和扩散的模式跟踪 ····························· 52
    第二节 权责清单制度创新和扩散的机制跟踪 ····························· 70

第四章 地方政府权责清单制度建设的过程与行为 ·························· 86
    第一节 权责清单制度建设的过程跟踪 ······································· 86
    第二节 组织场域视角下权责清单制度建设的推进机制 ················ 90
    第三节 权责清单制度实施的行为跟踪 ······································· 94

第五章 权责清单制度动态调整的过程跟踪 ···································· 98
    第一节 权责清单动态管理的基本理论 ······································· 98
    第二节 权责清单动态管理的必要性及其意义 ····························· 99
    第三节 权责清单动态管理的具体流程 ····································· 100
    第四节 权责清单动态管理的案例分析 ····································· 102

第五节　权责清单动态管理存在的问题与对策建议……………108

第六章　地方政府权责清单制度成效实证分析………………………120
　　第一节　权责清单制度体系成熟程度………………………………120
　　第二节　权责清单制度产出标准评价………………………………122
　　第三节　权责清单制度的输入标准评价……………………………129

第七章　地方政府权责清单制度实施存在的问题及改进措施………138
　　第一节　权责清单制度存在的问题…………………………………138
　　第二节　权责清单制度改进的措施…………………………………155

研究总结……………………………………………………………………162

附录一………………………………………………………………………166

附录二………………………………………………………………………169

附录三………………………………………………………………………174

附录四………………………………………………………………………179

参考文献……………………………………………………………………181

第一章 绪 论

第一节 研究背景与研究问题

一、研究背景

为明确各级政府及其工作部门的职责权限，加快形成边界清晰、分工合理、权责一致、运转高效、依法保障的政府职能体系和科学有效的权力监督、制约、协调机制，2015年，中共中央办公厅、国务院办公厅发布了《关于推行地方各级政府工作部门权力清单制度的指导意见》，2018年，中央机构编制委员会办公室发布了《中央编办、国务院法制办关于深入推进和完善地方各级政府工作部门权责清单制度的指导意见》。权责清单作为政府职能转变、简政放权、规范行政权力的重要形式，以优化政务服务、便民高效为价值取向，以大数据、智慧政务为依托载体，能够推动政府行政权力配置的科学化，推进行政权力公开与规范权力运行，是建设服务政府、责任政府、法治政府、廉洁政府的内在要求和重要抓手。随着改革的不断深化，权责清单制度从试点到全面展开再到健全完善，是一个逐渐深化、不断规范、横向覆盖范围和纵向实施层级延展的过程。权责清单制度建设"后半篇"关注的重点是行政权力口径标准、清单形式的规范化，以及机构改革、简政放权而引发的行政职权职责动态调整。全国各地在权责清单制度建设过程中先后形成了不同的实践样式，主要呈现以浙江为代表的"权力清单与责任清单分列"与以安徽为代表的"权力清单与责任清单合一"两种实践样式。行政权责清单从技术层面来说是一种技术规范和技术手段，在实践推进中，行政权责清单的口径标准逐渐统一、内容不断丰富完善、应用形式类别化、呈现形式多样化，在政务服务平台的应用场景和依托载体不断拓展。

二、研究问题

权责清单制度建设在基层创新与顶层推动、府际相互学习等复杂互动中实现了实践探索、创新发展和全面推广的递进发展，各地政府根据中央政策的要求和本地实际发挥了主动探索和创造精神，丰富了权责清单制度建设的实践样式和形态。如何理解地方政府推进权责清单制度建设的过程机制？权责清单制定者、行政权力行使者和社会公众三方制度相关人对权责清单制度成效的评价如何？如何客观真实评价权责清单制度实施过程中存在的问题？如何提出精准有效的改进权责清单制度的建议？这些都是本研究关注的主要问题。对这些问题的深入探讨有助于我们深入了解权责清单制度建设的实践图景，丰富和发展地方政府过程理论和制度成效评价的理论体系，为构建中国特色自主知识体系提供学理支撑。

第二节　研究目标与研究意义

一、研究目标

本研究以地方政府权责清单制度的建立和发展为研究对象，以问题诊断和制度绩效提升为价值取向，动态跟踪研究制度建设过程与制度实施成效。具体研究分为宏观、中观、微观层面。宏观层面研究不同地方政府权责清单制度的实践模式，权责清单制度创新和扩散的机制；中观层面探讨权责清单制度实施的政府过程机制；微观层面构建权责清单制度成效的评价体系并进行实证分析。本研究力图构建一个地方政府权责清单制度建设、发展和深化改进的完整研究链条，探寻地方政府权责清单制度的创新和扩散的机制，行政权责清单构造的过程和行为，权责清单制度动态调整的政策方案，以期为政府行政权责清单制度成效研究提供有解释力的分析框架，并为优化和改进权责清单制度建设提供有价值的资政方案。

二、研究意义

政府行政权责清单制度是政府治理的重要组成部分，本研究尝试基于实证研究对政府行政权责清单制度建设和发展提供科学分析和判断，对促进政府治理体系现代化提供有解释力的分析框架，为制度改进优化提供建议。

（一）理论意义

第一，本研究基于比较研究"权力清单与责任清单分列"与"权力清单与责任清单合一"两种主要实践样式，分析权责清单制度的建设发展状况，进而构建具有中国特色的权责清单制度创新和扩散的理论镜鉴。权责清单制度经历了从试点探索、全面推广到动态调整完善的过程，但是在实践过程中，全国各省市在形态样式和覆盖范围等方面存在差异。如何认识学习复制、改造创新、调整完善和应用拓展，是提高权责清单制度质量和成效的重要环节。

第二，本研究有助于丰富地方政府过程理论的认知。本研究通过动态跟踪地方政府权责清单制度实施的顶层推动、组织过程和保障机制等环节，对权责清单制度实施的过程机制与行为逻辑进行分析，有助于丰富我们对我国地方政府过程理论的认知，为构建有解释力的地方政府过程机制奠定良好的理论基础。

第三，本研究是对我国政府推进权责清单制度成效的理论回应。本研究通过科学构建权责清单制度成效的评估体系，评价权责清单制度改革为行政权力运行带来了哪些改变，权责清单制度成效如何等，对当前政府权责体系建设和深化改革推进进行了理论回应。

（二）现实意义

第一，本研究有助于我们了解应如何把我国的制度优势更好地转化为治理效能。为实现依法全面履行政府职责，进一步厘清政府与市场、政府与社会的边界，推动有效市场和有为政府有机结合，权责清单制度建设是重要的抓手。研究如何推动权责清单制度动态更新、丰富完善、规范统一和应用拓展，权责清单的应用场景和互联网政务平台的融合情况，精准分析权责清单制度实施存在的问题和提出精准有效的对策建议，有助于构建职责明确、依法行政的政府治理体系，提升制度建设的科学化水平，为完善权责清单制度建设提供现实依据，为深化拓展权责清单制度的应用场景和制度成效发挥提供针对性政策建议。

第二，本研究立足于比较研究不同区域权责清单制度实践的样式及其差异性，探讨制度创设、学习复制和改造深化的演进机制，以及地方政府权责清单制度实施的过程机制和行为逻辑，提供"试点—学习推广—改造深化"全周期的政策过程演示和案例支撑，为相关改革方案的实施策略优化提供方法论上的借鉴意义。

第三节 文献综述

一、国外研究文献综述

国外学术界对政府行政权力的研究有着丰富的实践形态和丰硕的学术成果。比如，早在古希腊罗马时期，亚里士多德、波里比阿等人就已提出了权力制约的观念；到近代，洛克、孟德斯鸠、汉密尔顿等又在权力分立思想中加入了制约与平衡的元素；再后来，当代民主理论大师达尔提出了以社会制约权力的思想、福柯从权力运作角度对权力制约的思考等。西方学者有关权力分工和制约的理论主张可以归纳为"以权力制约权力""以权利制约权力""以法律制约权力""以社会制约权力"等几种模式。这些不同类型的分权制衡模式是西方自由主义民主在不同经济文化和历史条件下的自我调整。在实践方面，最早实行权力分权制衡原则的国家是英国，而后美国实践的行政、立法、司法"三权分立"是资本主义国家权力监督与相互制衡的典型代表，在一定程度上体现了资本主义的权力制度结构和权力运行逻辑。如何厘清政府与市场、政府与社会的边界，科学有效地制约和监督公共权力也是西方国家长久以来政府治理的重要议题。由于中外政治和行政体制不同，国外没有对应的行政话语及其实践，因此国外在权责清单方面的专门研究甚少，尽管存在一些英文文献把权力清单简单地对应翻译成"power list"，将负面清单翻译成"negative list"，但这些研究大多是国内学者刊发的英文著作。

从研究内容的角度看，英文文献主要是对权责清单制度的制定依据、实施过程、演变过程来进行研究。Lu YU 通过梳理相关事件和文献，回顾了权责清单制度实施的主要过程，探讨了权责清单制度的主要功能和实施意义，为进一步深化权责清单制度提出了建设性建议。Dou X、Han F、Liao H.以中国（福建）自由贸易试验区厦门片区实施负面清单制度为例，认为新时期的精简政府应从负面清单、权力清单和责任清单的制度建设入手。Jing Y、Zhang L.探讨了中国（上海）自由贸易试验区三张清单制度的实践，提出该制度实践深刻体现了中国改革开放的顶层设计理念，同时向世界展示了中国处理政府与市场关系的方案。Jing Y、Zhang L.从村干部角色与行为的制度空间变迁出发，探讨从村民自治规范到权责清单制度的演进过程，试图在国家—社会关系的框架内，从乡村治理现代化的角度探讨村干部的角色和行为，将研究重点放在那些抓住发展机遇或在巨变过程中起带头作用的村干部身上。

从权责清单、负面清单存在的具体问题的角度看，学者主要从具体事件出发，对权责清单存在的问题进行探讨。Dongyang He 对天津港爆炸这一突发性公共危机事件进行研究，认为随着我国政治体制改革的发展，政府公共权力的运行逐渐上升到政策层面。尽管近年来权力清单制度在我国已经启动，但在公共安全问题上仍存在诸多漏洞，许多行政官员没有意识到权力清单的重要性。Zhang M、Wang H、Dong Y 以西安市为例，在分析现有评价方法及其存在问题的基础上，提出了一种主要用于城市规划阶段的基于影响地下空间发展不利因素负面清单的地下空间资源评价方法，并建立了不利因素清单，包括限制因素、制约因素和影响因素。Sheng Zhang 认为清单改革是中国行政权力的一种新约束机制。中央机构编制委员会办公室推行的一系列行政改革，旨在提高权力运行中的透明度与可问责性。当前，该机构通过编制权力清单，对现有的行政权力进行了重新梳理并使之合理化。Yan W 从政府权力清单的合法性审查这一角度出发，认为政府权力清单编制中存在着对"权力"归属判断不当、"权力"范围过度扩张、权力清单功能定位有偏差等问题。权力清单的法律边界包括两个方面：形式上权力依据的合法性和实质上权力转换的合理性。以合法性控制的手段实现权力清单的规则，保证权力清单的形式要求和实质标准的统一，有利于权力清单的法治化。权力清单的基准法是权力清单中"权力"来源的合法性基础。权力清单的编制包括两个阶段：权力清单的审核和权力的分类与综合。只有经过权力清单的审核，才能按照权力清单对行政权力进行梳理、分类和归集。因此，我们应从审查主体、审查内容、审查方式、审查程序四个层面构建权力清单基准法的合法性审查机制，间接实现对政府编制权力清单的立法规制。

从研究方法的角度看，学者通过构建演化博弈模型法、比较分析法对权责清单、负面清单进行研究。LIU Yan-hai、BAO Guo-xian 基于第三方监督的地方政府权力清单构建中的演化博弈模型，认为第三方监督能够促使改革者选择推行权力清单；同时指出，第三方监督增加了既得利益者阻止权力清单的成本，促使其选择"不阻止"的策略。Gao H、Tyson A 基于对五个省份的访谈和焦点小组的证据，发现影响权力清单改革的主要因素是中央政策设计、政治约束和地方机构，认为改革过程中出现的紧张局势是由于上市标准执行不力、改革前体制下获利者对变革的抵制，以及缺乏有效的法律保障，这些阻碍了权力清单的重新制定。LING Yong-hui、ZHANG Yue-you、XU Cong-cai 利用 1997—2014 年中国 31 个地区的面板数据和 2004 年《中华人民共和国行政许可法》的出台，构建了一个自然实验来检验负面清单与产业结构调整之间的关系，认为负面清单制度有助于通过增量投资促进中国的产业结构调整，但其更倾向于对产业结构调整的速度产生积极影响，而对产业结构调节的质量产生的影响是不确定的。Shi Y.运用了比较分析的方法，从航运市场准入负面清单制度的一般概念入手，回顾和总结了中国（上海）自由贸易试验区成立以来，外资市场准入负面名单在航运领域的发展历程，比较分析了航运负面清单中反映的欧盟和美国的国际承包实践。

权责一致是民主与法治诉求的重要内容，建立责任政府是民主政治的应然诉求。责任政府起初是资产阶级民主政治的产物，"主权在民""公民基本权利神圣不可侵犯"和法治等内容确立了责任政府的理论基础，这根植于西方民主政治中政府必须对公民承担的"委托代理关系理论"。随着政府权能和活动范围的扩展与增强，政府权力日益成为主导公民生活的政治力量。与此相应，现代政府变得规模庞大、部门和层级间职责关系模糊、行政行为失范、行政效率低下，严重影响了政府对公民的回应。进入 20 世纪七八十年代之后，如何解决西方国家政府权力行使的诸多问题，一些政治和公共管理学者还特别围绕如何提高政府权力行使的透明度、确保政府权力更好地对公众负责、推动公民更多地参与政府过程等方面提出了"新公共管理""新公共服务"等理论，以求实现"政府再造"。Dunleavy P、Hood C.主要从以往管理改革的努力来看现在人们熟悉的"新公共管理"（NPM）的概念，认为 NPM 已经证明是一个相当持久和一致的议程，然后回顾了公共部门内外对 NPM 的主要批评，展示了主要批评之间的紧张和矛盾。Bryson J M、Crosby B C、Bloomberg L.认为一场超越传统公共行政和新公共管理的新公共行政运动正在兴起，新运动是对一个网络化、多部门、无人全权负责的世界的挑战以及对以往公共行政方法缺点的回应。在新方法中，超越效率和效力的价值观，尤其是民主价值观非常突出。政府作为公共价值的"保证人"发挥着特殊作用，但公民、企业和非营利组织作为积极的公共问题解决者也很重要。Kettl D F 在 1993 年对美国政治科学协会的《公共行政状况》书籍做了分析，回顾了新千年开始时公共行政的状况：该领域的重大理论问题、持久的理论观点，以及尚未解答的理论难题。20 世纪中叶，公共行政发现自己受到学术界和实践者的攻击，原因是其提供的理论指导有限。但过去一段时间发展起来的新方法，特别是形式理论、网络理论和"新公共管理"理论，有助于解决这一问题。然而该问题深深植根于美国政治传统中的历史冲突，这些冲突使得这个问题不太可能被彻底解决。Denhardt J V、Denhardt R B 认为新公共服务描述了一套规范和做法，强调民主和公民权是公共行政理论和实践的基础，新公共服务的原则和新公共管理的原则都没有成为主导范式，但新公共服务以及与其理念相一致的做法在公共行政学术和实践中越来越明显。Osborne S P、Radnor Z、Kinder T 构建了以公共服务为主导的可持续公共服务方法，他们认为新公共管理是一种有缺陷的公共服务提供范式，其产生了内部非常有效但外部无效的公共服务组织。随后，他们开发了可持续公共服务和公共服务组织的服务框架。该框架植根于公共服务主导的商业逻辑，强调关注外部价值创造而非内部效率的必要性。Denhardt R B、Denhardt J V.认为新公共服务是改革的途径，在不断演变的治理形式下，政府将在引导社会方面发挥不同的作用。Denhardt J V、Denhardt R B.强调要重新审视新公共服务，新公共服务描述了一套规范和做法，强调民主和公民权是公共行政理论和实践的基础。他们回顾了新公共服务的一些核心论点，并考察了它们在过去 15 年中是如何被实践和研究的，最终发现新公共服务的原则和新公共管理的原则都没有成为主导范式，但新公共服务以及与其理念相一致的做法在公共行政学术与实践中越来越明显。

总的来说，西方学者丰富的权力监督制约思想为构建和完善我国权力制约体系提供了启示和借鉴，而近些年国外政府治理与改革的实践则为本研究提供了丰富素材。在具体研究我国权责清单制度的过程中，对西方学者的相关研究成果进行批判性学习，同时立足本国国情进行中国特色的权责清单制度创新性建设，有助于建设政府与有效市场相结合的现代政府制度体系。

二、国内研究文献综述

（一）前言

权责清单制度是近年来我国推进法治政府建设的重要举措之一。2015年，中共中央办公厅、国务院办公厅发布《关于推行地方各级政府工作部门权力清单制度的指导意见》，权力清单制度实施改革在全国范围内正式全面展开。目前学界基于不同的视角、内容和方法对权责清单进行了一定研究，形成了一定体系和规模的研究成果。本文献计量分析系统梳理了我国现有的关于权责清单的研究，对于把握权责清单的研究热点与发展趋势，以及推动权责清单建设具有十分重要的作用。随着全面深化改革的不断推进，研究机构和学者加大横向合作力度，重点关注权责清单法律法规的顶层设计、系统化标准化以及技术治理的构建，集中对权责清单进行了理论阐释与现实探索，进一步促进了实践创新与机制创新，从而为国家决策提供科学的参考依据。

（二）研究论文数据来源与方法

本研究的主要数据来自中国知网（CNKI）学术期刊库。同时，为保证论文质量的权威性、代表性与认可度，本研究进一步将CNKI中的"北大核心""CSSCI"作为样本选取的范围，并以"权力清单""责任清单""小微清单"以及"权责清单"为主题，以2023年7月为发文截止时间进行文献检索。由于国内权责清单领域的相关研究大多始于2012年，因此本研究选取了权责清单研究领域自2012年至2023年7月的文献，剔除会议综述、书评访谈等非研究性论文，共筛选出325篇论文作为本研究分析的文献样本。

CiteSpace是应用Java语言开发的一款信息可视化软件，主要构建于共引分析（cocitiation analysis）理论和寻径网络算法（pathfinder nerwork scaling，PF-NET）基础上，其作用在于通过对某一领域文献进行计量，找寻该领域演化的关键路径及知识转折点，并绘制一系列可视化图谱来形成对学科演化潜在动力机制的分析和科学发展前沿的探测。目前，CiteSpace在医学、计算机科学、信息科学、经济学等多个领域应用广泛，能够高效、便利和准确地对可视化共引网络进行分析。本研究基于引文分析理论和寻径网络算法以及 CiteSpace 软件的应用，通过对所选领域文献作者和机构进行合作网络分析、关键词共现分析，探讨权责清单研究的发展历程。

（三）课题及著作成果现状的整体性描述

1. 课题研究现状及著作汇总

（1）课题研究现状

通过微信"悟空科研"小程序人文社科课题基金立项数据库搜索"权力清单""责任清单""负面清单"得到立项数据，按照实证层面、理论层面、法制层面进行分类，经过可视化分析可以得到有关"权力清单""责任清单""负责清单"的立项课题在不同研究方向的数量分布。其中，关于"权力清单"与"责任清单"的法治层面研究居多，共 11 项，占比 42.31%；理论层面的研究共 6 项相对较少，占比 23.08%；实证层面的研究共 9 项，占比 34.62%。（见表 1-1）

表 1-1 "权力清单""责任清单"不同课题研究方向数量汇总

类别	课题研究方向	课题数量
法治层面	在法制轨道上深化我省权力清单改革实践的对策建议	1
	村级事务权力清单制度的法治价值及实施	1
	权力清单制度规范化研究	1
	浙江责任清单实施制度研究：以责任评判为中心	1
	村级小微权力清单制度研究	1
	政府权力清单的依法确权研究	1
	内蒙古自治区政府权力与责任清单制度研究	1
	组织法框架下的权力清单制度法治化研究	1
	浙江省权力清单制度建设及其运行机制研究	1
	权力清单视角下保障党的领导的法规建设研究	1
	责任清单的法治化建构及其应用	1
理论层面	政府环境责任清单制度与绩效审计问责机制研究	1

续表

类别	课题研究方向	课题数量
理论层面	大城市区级政府权力清单的分类依据与标准化流程再造研究	1
	基于"权力清单"的浙江党政主要领导经济责任审计研究	1
	基层政府权力清单制度实施路径研究	1
	深化权力清单改革的难点与对策	1
	权力清单管理的难点和对策	1
实证层面	权力清单的实践形态及其治理逻辑研究	1
	地方政府权力清单制度动态跟踪及成效研究	1
	改革试点研究（富阳区）	1
	"县域法治"模式构建——以三门县权力清单改革为样本分析	1
	责任清单中交叉责任的边界优化策略研究——以广东省为例	2
	权力清单制度实施效果评价及推进策略研究	1
	权力清单制度的理论与实证研究	1
	权力清单推进地方政府治理现代化的机理及对策研究	1

  从"权力清单""责任清单"课题研究的法治层面来看，内容主要涉及清单制度的规范化研究、法治化研究、法治化建构及应用。分地区来看，涉及浙江、内蒙古，以及村级小微权力与责任清单制度研究。总体来说，法治层面的研究多与"权力清单""责任清单"推行地区政府相结合，研究内容以"权力清单""责任清单"制度建设研究居多。关于"权力清单""责任清单"理论层面的研究，主要从权力清单改革与管理的难点和对策、分类依据与标准化流程，以及实施路径研究等方面展开。此外，权力清单与经济责任审计结合、责任清单与绩效审计机制结合方面也有所涉及。总体来看，目前有关"权力清单"与"责任清单"理论研究的课题数量相对较少，有待进一步扩大支持力度。关于"权力清单""责任清单"的实证层面，课题主要结合地方政府治理现代化机理，动态跟踪地方政府权力清单、责任清单制度的实施状况，从权力和责任清单制度实施效果评价展开，提出相应的推进策略。整体来看，目前关于"权力清单"与"责任清单"的立项课题研究以法治层面居多，理论研究多与实证结合，在权责清单的推行地区研究较多，因此理论层面的研究有待进一步完善。

从"权力清单""责任清单"的具体研究内容来看。在法治层面,村级事务权力清单制度是村级事务权力透明公开运行的前提条件,是从源头治理腐败的基础性工作。"村级事务权力清单制度的法治价值及实施"这一课题主要以"宁海36条"为观察点,深入剖析村级事务权力清单的法治内涵及特征,厘清村级事务权力清单制度的法治价值,对村级小微权力清单制度有更加客观的认识,更有利于村级事务权力清单制度的规范实施及深化。"村级小微权力清单制度研究"这一课题从村级小微权力清单制度的构建逻辑及优化路径、村级小微权力清单制度治理效能的影响因素分析和村级治理中的规则追求、村级小微权力清单制度展开逻辑与制度演进等方面进行研究。推行村级小微权力清单制度是推行村级治理制度化的重要内容,其主要功能在于为乡村治理提供标准化流程,促进政府公共服务的有效延伸,解决治理中的"权力寻租"等问题。村级小微权力清单制度在全国范围内的推进呈现出非均衡性特点,其治理绩效也存在一些区域差异,因此需构建以规则—环境—绩效的治理绩效综合分析框架,通过比较不同区域村级小微权力清单制度的治理效能,探讨其影响因素。"内蒙古自治区政府权力与责任清单制度研究"这一课题对呼和浩特政府推行权力与责任清单制度的现状进行分析,认为政府推行权力与责任清单制度取得基本成效,行政权力进一步精简,政府信息公开力度加大,公民参与度提升,政府权力运行流程不断程序化、规范化。但是依旧存在一些问题,如推行清单制度的力度不足、监督与责任追究机制不健全、在权力与责任清单制度推行过程中技术支持不足等。

在理论层面,"政府环境责任清单制度与绩效审计问责机制研究"这一课题以绿色发展理念为指引,以建设有限政府、有效政府为目标,在推行责任清单制度、建设法治政府这一制度的背景下,以权力清单制度的实质——责任清单为切入点,从政府部门权力结构的组成和权力运行机制入手,清晰界定政府部门环境管理活动中应履行的受托环境责任,明确政府环境管理部门的责任目标,构建环境责任履行情况的绩效审计评价体系,同时建立环境责任不履行、不适当履行的问责机制。"大城市区级政府权力清单的分类依据与标准化流程再造研究"这一课题通过对典型大城市区级政府的案例研究,采用结构化访谈等多种方法对大城市区级政府权力清单制度开展研究,努力将权力清单制度嵌入中国公共权力分工和权力监督体系中进行分析,丰富以权力清单为基础的中国特色权力分工和权力制约制度理论体系,并且对大城市区级政府推行权力清单制度取得的成效进行分析、评估和总结,为优化和完善大城市区级政府的权力清单制度提供了理论基础,深化了大城市区级政府权力清单制度研究,丰富了社会主义法治理论。该研究的主要内容可概括为以下几点。第一,大城市区级政府权力清单是以法律法规为基础的混合清单,梳理过程中应当将人民代表大会的确权作为最重要的环节。第二,科学的分类依据是大城市区级政府推行权力清单制度的基础,规范化和法治化是大城市区级政府权力清单升级的重要方向。第三,促进标准化流程再造、打造整体性政府是大城市区级政府推行权力清单制度的重要目标。第四,构建可执行、可考核、可问责的责任清单是大城市区级政府推行权力清单制度的保障。

在实证层面,"责任清单中交叉责任的边界优化策略研究——以广东省为例"从地方政府工作部门责任清单制度效用的提升路径出发。地方政府责任清单在转变政府职能、深化"放管服"改革、推动政府全面依法履职尽责等方面发挥基础性制度效用。在实践层面,我国各级地方政府基本完成了责任清单的编制、公布及实施工作,然而政府责任清单的现实制度效用仍需提升和强化。对地方各级政府而言,提升责任清单制度效用,不仅要对政府工作部门责任清单实施规范性审查,及时发现其内容形式的不足并做出相应优化,还要以过程性思维对责任清单实施动态管理,不断增强政府工作部门责任清单的适用性和实用性。

"权力清单制度的理论与实证研究"这一课题从权力清单的范畴分析入手,系统探讨了权力清单制度的法理基础,不仅从形式主义法治观和实质主义法治观的统一、功能主义控权模式等方面,对权力清单制度进行深层次解读,而且基于权力清单制度在推进政府职能转变、深化党和国家机构改革等方面发挥的作用,突出整体政府理论对权力清单制度实践的指导和提升作用。"权力清单推进地方政府治理现代化的机理及对策研究"这一课题以有为政府为分析框架,有为政府是在政府与市场关系语境下的"有限""有所为""有所不为",在理念上能够带动地方政府权力清单制度由自律控权向有为治理转变,在制度建设上能够为地方政府权力清单制度提供靶向指引,按照精准治理的路径来治理。权力清单制度是地方政府职能转变的重要载体,其实施效果直接关系到地方政府治理现代化的实现程度,有为政府为地方政府权力清单制度打开了治理进路,使其迸发出强大的制度活力,能直接推动地方政府职能转变,加快实现地方政府治理现代化。

对与"权力清单""责任清单"相对应的"负面清单"课题的研究方向分析如下。关于"负面清单"的法治层面,相关课题共 6 项,占比 30%,主要涉及负面清单的法律问题研究、立法问题研究以及制度研究等;在理论层面的研究共 7 项,占比 35%,主要为负面清单的路径优化研究和管理模式研究;在实证层面的研究共 7 项,占比 35%,主要结合自贸区和相关行业,研究负面清单与政府策略选择以及深化对外开放的机制体制。(见表 1-2)

表 1-2 "负面清单"不同课题研究方向数量汇总

类别	课题研究方向	课题数量
法治层面	中国(重庆)自贸区负面清单制度法律问题研究	1
	市场准入负面清单立法研究	1
	外商投资国民待遇与负面清单管理法制研究	1
	外商投资负面清单管理模式与中国外资法律制度重构研究	1
	自由贸易港负面清单制度研究	1
	负面清单模式下自贸区产业政策立法研究	1
理论层面	我国外资准入负面清单文本和管理模式研究	1
	外商投资"负面清单"管理模式研究	1
	负面管理路径优化研究	1
	负面清单制度提升我国外资质量的机理研究	1
	全方位开放格局下外资准入负面清单管理模式研究	1
	新时代我国服务业外资准入负面清单管理路径优化研究	1
	重点生态功能区实行产业准入的负面清单管理模式研究	1
实证层面	全面实施市场准入负面清单制度背景下山西深化对外开放研究	1
	福建自贸区负面清单管理模式与正面环境效应研究	1
	负面清单管理模式下服务业开放路径与政府策略选择研究	1
	中国(上海)自由贸易试验区服务业负面清单管理模式研究	1
	"负面清单"背景下金融产品创新与金融监管改革研究	1
	上海自贸试验区负面清单管理模式研究	1
	负面清单行业限制范围和限制强度的决定机制研究	1

在法治层面,"外商投资国民待遇与负面清单管理法制研究"这一课题认为国家之间相互给予准入前国民待遇是实现更大程度经济一体化意愿的表现,但没有一个国家同意给予无条件的准入前国民待遇。为了平衡外资保护与东道国主权之间关系,缔约国一般以协议附件的形式,在负面清单中列举与协议义务相左的各项措施,对准入前国民待遇等协议条款进行保留。"自由贸易港负面清单制度研究"这一课题立足于负面清单管理模式的探索与实践。自由贸易港负面清单制度取得了一定的成效,基本建立了负面清单管理模式,积累了制定负面清单的经验,负面清单以外的外商投资项目核准和企业合同章程审批均改为备案管理,建立了备案信息多部门共享、备案结果网上公示、备案机构定期核查等配套制度,提高了行政透明度,为我国与国际规则接轨迈出了实质性的一步。同时,自由贸易港投资开放度大幅提升,配合负面清单的制定,总体方案确定的服务业 23 项开放措施全面实施,并且建立了相应的监管制度和监管措施。

在理论层面,"我国外资准入负面清单文本和管理模式研究"这一课题将中国(上海)自由贸易试验区作为例证,认为这是外资负面清单管理的国际镜鉴。发达国家关于外资负面清单管理的法理基础、投资口径、敏感性行业、文本类型、OECD(经济合作与发展组织)政策、透明度措施、企业监管模式、国家安全审查等举措,值得我国借鉴和参考。中国(上海)自由贸易试验区外资负面清单管理实践主要包括负面清单文本、服务业扩大开放、管理模式三个方面。同时,该课题评估了中国(上海)自由贸易试验区外资准入负面清单,还讨论了负面清单管理的若干问题,如试验区与全国版负面清单、负面清单作用定位、外资配套政策、编制负面清单路径选择、东道国与 BIT 负面清单等,并提出了相关建议。"负面清单制度提升我国外资质量的机理研究"这一课题在理论模型中引入了跨国公司通过与东道国企业成立非控股合资子公司的方式规避投资壁垒的行为,构建了一个阐释跨国公司海外投资过程中关于投资项目数量、投资规模和股权结构多维决策机制的分析框架,并在此基础上进一步分析了负面清单模式的 FTA(自由贸易协定)对外资股权控制水平的影响,同时分析了不同类型负面清单不符措施在清单 A、清单 B 中的数量和涉及的行业分布特征,认为对于中国来说,应在 RCEP(区域全面经济伙伴关系协定)负面清单的基础上,加快制定服务贸易负面清单、优化服务业和非服务业的比例、推动金融业高水平开放、构筑更加完善的负面清单法律支撑体系等。

在实证层面,"负面清单管理模式下服务业开放路径与政府策略选择研究"这一课题构建了小型开放经济下多部门动态随机一般均衡模型,通过分析进口占比和国内外产品替代弹性的动态变化来研究贸易调整时期宏观经济的动态调整机制。"中国(上海)自由贸易试验区服务业负面清单管理模式研究"这一课题认为建立中国(上海)自由贸易试验区的一项重要任务是探索建立负面清单管理模式,以此提升开放型经济水平。负面清单管理模式主要面向服务业,是全球服务业开放最为广泛采用的政策措施。在主要的双边FTA谈判中,各国普遍利用负面清单在服务贸易和投资领域做出不同程度的安排,以推动双边投资和贸易的发展。作为贸易壁垒指标,负面清单在某种程度上类似于货物贸易中的非关税壁垒减让措施,对服务业开放水平意义重大。"'负面清单'背景下金融产品创新与金融监管改革研究"这一课题立足金融领域,在金融科技的发展背景下,金融监管受到的最大挑战就是如何应对通过互联网、科技手段对原来传统金融业务进行整合的"创新"。因此,必须改变原有按机构监管的"画地为牢"的监管态度,要依据金融工具的本质进行实质性监管活动,在分业的基础上对于同一金融行为的同等监管标准既是功能监管的要求,也是功能监管的题中应有之义。"上海自贸试验区负面清单管理模式研究"这一课题从中国(上海)自由贸易试验区负面清单的理论价值、现状出发,结合负面清单内容的重叠繁杂、不够开放透明等问题,梳理了该模式存在法治保障不充分、监管力度薄弱和纠纷解决机制缺位等现状。该课题认为,调整负面清单内容、完善法治保障、规范监管机制和完善纠纷解决机制,能够进一步完善负面清单行政管理模式,丰富中国(上海)自由贸易试验区的理论研究,为中国(上海)自由贸易试验区试验成功并向全国复制推广提供有益的借鉴。

(2)著作研究现状

通过超星图书、学术搜索与全文搜递系统、读秀中文学术搜索数据库检索,有关"权责清单""负面清单"主题的出版图书汇总如表1-3所示。从出版年份来看,2016年、2017年与2019年出版图书数量较少,说明相关研究尚处于起步阶段;2018年出版图书数量相对较多,说明权责清单制度的研究取得了一定成果。从图书的主题来看，部分研究与外商投资和自由贸易结合，对负面清单管理模式进行研究，相比之下，有关权责清单制度的图书相对较少。由此看出，有关权责清单方面的书籍研究有待丰富完善。

表1-3 有关清单制度出版图书汇总表

书名	作者	出版社	年份
《自贸区与负面清单》	焦慧莹	中国财政经济出版社	2019
《大城市政府权力清单制度研究》	赵勇	人民出版社	2018
《权力清单三十六条》	简平	浙江文艺出版社	2018
《负面清单关系管理模式》	刘昌	西安出版社	2018
《外资准入负面清单管理模式研究》	方杰	中国法治出版社	2018
《外商投资"负面清单"管理模式研究》	葛顺奇	人民出版社	2018
《粤港澳服务贸易自由化"负面清单"升级版：清单方案、政策创新、示范基地》	张光南	中国社会科学出版社	2018
《政治学视域中的权力清单：基于浙江案例的研究》	方柏华，李黄骏	中国社会科学出版社	2017
《权力清单中的百态人生：行政案件评析与法律风险提示》	金琴云	中国检察出版社	2017
《我国外商投资负面清单管理模式研究》	聂平香	中国商务出版社	2016
《区域自由贸易协定中"负面清单"的国际比较研究》	林珏	北京大学出版社	2016
《外资负面清单管理模式与中国产业结构转型升级研究》	李津津	上海人民出版社	2016

自由贸易试验区是我国改革开放的前沿阵地、新高地，也是我国以开放促改革促发展的试验田。自2013年9月上海自贸试验区挂牌至今，我国已先后设立11个自贸试验区。深圳前海蛇口自贸片区作为中国（广东）自由贸易试验区的一部分，承载着实现中华民族伟大复兴中国梦的责任，负面清单管理模式作为自贸区的关键内容，对深圳前海蛇口自贸片区的发展有着不可替代的作用。《自贸区与负面清单》共有四章内容：第一章论述了国际经贸协定框架下负面清单模式的演变及发展趋势；第二章论述了自贸试验区在中国的

发展历程；第三章论述了负面清单与中国自贸试验区；第四章论述的是深圳前海蛇口自贸片区负面清单的创新。这本书总体上从国际经贸规则体系的演变及国际上负面清单的实施经验出发，结合我国自贸试验区当前的发展状况，通过对比总结，试图为深圳前海蛇口自贸片区的制度创新提出制度化、体系化的政策建议。

《大城市政府权力清单制度研究》共有六章内容：第一章是绪论；第二章是对大城市政府权力清单的性质分析；第三章论述的是细分标准和分类依据，大城市政府权力清单制度构建的基础；第四章论述的是大城市政府权力清单制度构建的目标指向；第五章论述的是大城市政府权力清单制度的保障；第六章是结论和讨论。此书通过对典型大城市政府的案例研究，采用结构化访谈等多种方法对大城市政府权力清单制度开展研究，在对现有权力清单制度研究文献进行分析和综述的基础之上，努力将权力清单制度放入中国公共权力分工和权力监督体系中进行分析，丰富以权力清单为基础的具有中国特色的权力分工和权力制约制度理论体系，并且对大城市政府推行权力清单制度取得的成效进行分析、评估和总结，为优化和完善大城市政府的权力清单制度提供基础。此书对研究和分析大城市政府权力清单制度有重要的理论和实践意义：一方面，大城市政府权力清单制度是透视大城市公共管理改革实践的重要"窗口"；另一方面，研究大城市政府权力清单制度为全面分析我国权力清单制度的影响因素和制约要素提供了"参照"。

《权力清单三十六条》属于长篇报告文学，在这本书中，作者以纪实的手法生动而深入地描写了浙江省宁波市宁海县推行"村级权力清单三十六条"过程中乡村发生的深刻变化，全景式地呈现了中国农村乡村政治文明建设的开拓性工作。"村级权力清单三十六条"是浙江继"最多跑一次"之后的又一重大制度创新，它彻底打通了中国基层社会权力运行的"最后一公里"，解决了长期在基层民主实践中没有解决的问题。该研究作为庆祝中国改革开放四十周年的成果，为党的十九大以后建立法治中国、发展社会主义民主政治、展望未来提供了优秀样本，为全面深化改革起到积极正面的引导作用。

外资准入负面清单管理模式是以国内法和国家签订的《国际投资协议》为基础，以负面清单列表为表现形式，推崇"法无禁止即自由"的外资准入理念，推动转变政府行政审批职能，并以负面清单配套制度辅以实施，旨在建立外资准入法治管理和国际投资自由的外资准入管理模式。《外资准入负面清单管理模式研究》共包括八章；第一章是外资准入负面清单的综述；第二章是对负面清单基本制度研究；第三章是对负面清单规范基础研究；第四章是外资准入负面清单国际比较研究；第五章论述了外资准入负面清单的基本模式；第六章论述的是国家安全审查机制；第七章是论述负面清单管理模式保障条款；第八章论述的是负面清单修订程序和事中事后监管。总体来说，此书系统研究了我国外资准入负面清单管理模式，梳理了与负面清单制定有关的法律法规，研究了负面清单核心理念、负面清单管理基本制度、清单列表基本范式、负面清单管理模式有关法律制度、负面清单修订程序和事中事后监督模式，以推动我国外资准入负面清单管理理论和管理模式完善和发展。

CEPA（《内地与澳门关于建立更紧密经贸关系的安排》，英文为 Closer Economic Partnership Arrangement，简称 CEPA）"负面清单"的推出和实施对于内地与香港、澳门之间的经贸合作意义重大。但是，协议的签订与落地有一定差距，在实际操作中还存在一些问题亟待解决。与此同时，国家"一带一路"倡议和粤港澳大湾区建设等重大战略对粤港澳贸易的自由化提出了更高要求，对 CEPA "负面清单"进行升级，并通过相应配套政策给予支持，保证其在更大范围内的有效实施，显得更为必要和紧迫。《粤港澳服务贸易自由化"负面清单"升级版：清单方案、政策创新、示范基地》详细讨论了 CEPA "负面清单"的修改方案，以国内最开放、最可操作、最市场化为目标，明确清单升级的修改原则，回应国家和区域发展需要。针对 CEPA "负面清单"在实施中存在的问题，该书提出其全面实施过程中的原则和维度。

《政治学视域中的权力清单：基于浙江案例的研究》试图借助浙江省"四张清单一张网"建设的成功案例，通过对权力清单制度的学理分析，厘清政府权力在未来整个国家体系中的作用和功能，以及实现这种作用和功能再调整的制度框架和技术手段。具体而言，主要包括以下三个方面的内容。首先，借助权力清单（正面清单）、负面清单、责任清单等制度厘清新时期国家与社会、市场之间的关系及其走向，即未来地方政府权力的边界。其次，借助权力流程图等机制，规范权力运行的流程。最后，借助网上政府平台建设，实现政府权力的公开运行，健全和落实权力清单建设的监督机制。权力清单对于各级政府及其各个部门权力的数量、种类、运行程序、适用条件、行使边界等予以详细统计,形成目录清单,为权力划定清晰界限。清单所涵盖的范围就是政府权力的合法行使范围,即清单以外,政府权力不能随意进入的范围。

《权力清单中的百态人生：行政案件评析与法律风险提示》以漫画的形式,生动、形象地展示了大量发生在基层乡镇党政部门及村干部常见的违法犯罪案例,结合具体案例从正反两方面对政府权力进行举例分析阐述,最后又对公民的行政权力救济途径进行分析,观点清晰、通俗易懂。对权力清单和权力负面清单的法律风险及防范措施进行提示和解读,能有效地帮助党政干部学法、知法、守法、用法,起到"以案说法知荣辱、警示教育促廉洁"的作用,让广大干部认识到一旦放松警惕,危险就在身边,做到警钟长鸣、依法合规,不越雷池、坚守底线。

《外资负面清单管理模式与中国产业结构转型升级研究》共有八章内容：第一章是导论；第二章是相关理论和文献综述；第三章是对我国负面清单管理模式的历史沿革与现状评估；第四章是对我国负面清单管理模式产业开放领域的实证分析；第五章是对负面清单管理模式与中国产业结构转型升级的机制路径研究；第六章论述的是负面清单管理模式、外商直接投资与产业结构升级；第七章论述了负面清单管理模式、政府职能转变与产业结构升级；第八章是总结和政策建议。该书总体上讲述了在经济新常态下,如何以开放促改革、以改革促发展,通过制度创新释放新一轮的改革红利与制度红利,成为当前我国实现经济转型升级的关键举措。而以自贸区建设为契机的投资管理制度创新成为新一轮改革开放的引擎,外资负面清单管理模式更是引擎的核心所在。该书对负面清单管理模式的历史沿革和现状进行比较分析,从产业开放和政府职能转变两个维度阐述了外资负面清单管理模式与中国产业结构转型升级的机理,基于产业动态比较优势理论、产业安全理论、大国优势理论等,构建了我国外资负面清单管理模式产业开放的理论依据,总结了在实证分析外资负面清单管理模式下,外商直接投资与政府职能转变对于企业绩效的影响,探索了现阶段更好地发挥外资负面清单管理模式作用的配套措施。

2. 相关论文研究情况

（1）时间分布

通过检索可以发现,2012—2023年我国权责清单领域研究论文的变化趋势如图 1-1 所示。2012—2016 年权责清单领域的研究论文迅速增加,在 2016 年达到历年研究期刊量的最大值 87 篇(截至 2023 年 7 月);2017 年后权责清单研究领域的论文数量开始逐渐下降。分析发现,该领域研究论文的数量变化与我国权责清单制度的建设与发展相关。尤其在 2014 年国务院审改办在中国机构编制网公开了国务院各部门行政审批事项汇总清单以及 2015 年国务院办公厅印发《关于推行地方各级政府工作部门权力清单制度的指导意见》之后,国家加强了权责清单制度建设。因此从 2014 年开始,有关权责清单的研究成果大量涌现。

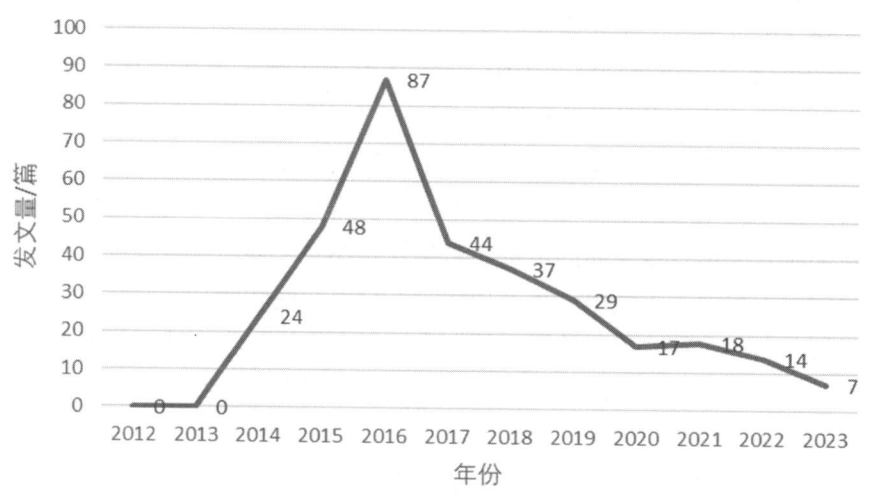

图 1-1　2012—2023 年权责清单研究领域发文数量

(2)研究者与研究机构

表 1-4 显示的是我国权责清单研究领域发文量排名前九的机构及其发文数量(发文数量≥3 篇),可以发现发文数量最高的机构是东南大学法学院(9 篇)。由此数据可得出我国权责清单研究领域的核心作者人数,通过计算可知,在我国权责清单研究领域,发文 2 篇以上的学者可以被认为是领域内的核心作者。通过统计得到核心作者共 36 人,核心作者共发表论文 103 篇,占论文总数的 31.69%。赖普斯定律显示,核心作者的发文量应占论文总数的一半,

而我国权责清单研究领域核心作者的发文量比例与50%相距甚远，表明该研究领域还处于发展阶段，尚未形成核心作者团队。权责清单研究领域的主要研究方向紧紧围绕权责清单制度建设和行政法治这两大主题，由此可知，以制度建设与行政法治这两个方向为研究背景的学者是权责清单研究的主力军。

在团队力量与合作方面，通过 CiteSpace 软件对作者与机构进行共现分析发现，目前权责清单领域已经形成了东南大学法学院、南京大学法学院、西南政法大学行政法学院、武汉大学政治与公共管理学院、东北师范大学政法学院、郑州大学政治与公共管理学院、南开大学周恩来政府管理学院、上海交通大学国际与公共事务学院、扬州大学政治学院等主要研究团队。虽然该领域得到了学术团体的广泛关注，但研究作者之间的合作主要集中在同一机构中，机构之间的合作联系较少。

表 1-4　权责清单研究领域发文量前九机构

机构名称	发文数量（篇）
东南大学法学院	9
南京大学法学院	6
西南政法大学行政法学院	6
武汉大学政治与公共管理学院	5
东北师范大学政法学院	4
郑州大学政治与公共管理学院	4
南开大学周恩来政府管理学院	4
上海交通大学国际与公共事务学院	4
扬州大学政治学院	4

（3）研究方法

权责清单研究涉及的学科主要有管理学、法学和政治学，研究方法以定性研究为主，多是基于宏观视角对权责清单制度运行状况进行思辨分析以及比较研究，侧重在对权责清单现状实行质性分析的基础上进行反实证研究。目前已经出现部分研究运用实证研究方法对权责清单的运行现状进行分析与评估,并讨论权责清单制度的影响因素,但由于数据的获取难度高、抽样调查的可行性低等因素,该领域的实证研究一直难以蓬勃发展。具体分析如表1-5所示。

表1-5 常用研究方法

方法	类型	主要思路	优势	不足
反实证研究	思辨研究	对权责清单运行现状或某一领域进行描述,分析挑战,并提出对策	用系统的思想对权责清单进行全局性分析	缺乏现实基础支撑
	个案研究	以某一个案为研究对象,对权责清单某一领域内容进行分析讨论	通过第一手资料深度了解各相关主体的感知与态度等	个案代表性存疑
	深度访谈	在理论分析的基础上通过结构化访谈,对以权责清单为基础推进权责运行流程再造过程中存在的主要问题进行分析	获得较为真实可靠的信息	访谈过程中容易受被访谈者个人因素影响
实证研究	对比分析	对两个及以上地区权责清单运行情况进行分析,根据地区差异探讨权力清单运行的影响因素	通过纵横比较有助于认识不同地区之间的联系和区别	样本的选择往往难以保证客观性
	调查研究	收集问卷后,运用量化研究的方法,对数据进行分析,对权责清单的运行状况进行评估,讨论权责清单制度的影响因素	获得一手数据	抽样困难,调查对象具有主观性,无法考量宏观问题

3. 研究的知识结构与演化

(1)关键词统计

关键词是表达文献主题概念的自然语言词汇。一个学术研究领域较长时域内大量学术研究成果的关键词的集合,可以揭示该领域研究成果的总体内容特征、研究内容之间的内在联系、学术研究的发展脉络与发展方向等信息。为此,本研究通过提取权责清单的关键词并运用 CiteSpace 软件进行计量分析,揭示权责清单领域的研究热点与趋势。

通过对 325 篇权责清单文献的关键词进行共现分析可以发现(见表 1-6、表 1-7),就关键词出现的次数而言,"权力清单""责任清单""权责清单"出现频次最高,分别为 143 次、23 次与 21 次,均代表了权责清单研究的热点话题,这与我国目前深化行政体制改革、转变政府职能态势下对权责清单制度探索的发展趋势基本契合。就在所有关键词中的地位而言,关键词关系最为紧密的是"权力清单",中心性为 0.93,基本上与其他关键词都有共现关系。另外,"权责清单""法治政府"等词与其他关键词的关系也比较紧密。

表 1-6 权责清单研究领域关键词(频次分布)

关键词	频次	关键词	频次
权力清单	143	地方政府	17
责任清单	23	依法行政	15
权责清单	21	行政权力	13
法治政府	18	简政放权	10

注:频次代表关键词出现的次数。

表 1-7 权力清单研究领域关键词(中心性分布)

关键词	中心性	关键词	中心性
权力清单	0.93	地方政府	0.08
责任清单	0.07	依法行政	0.08
权责清单	0.24	行政权力	0.07
法治政府	0.15	简政放权	0.06

注:中心性表示该关键词在所有关键词中的地位。

(2)关键词聚类分析

为了进一步考察权责清单相关研究热点的知识结构,本研究采用关键词聚类分析，在 CiteSpace 软件中进行如下参数设置：Years Per Slice = 1，Node Types = Keyword，g-index k = 30，Pathfinder。进而绘制出 2012—2021 年关键词的聚类可视化图谱。其中，Q=0.7324（大于 0.3），S 值=0.9483（大于 0.5），说明此聚类视图是显著且合理的。从关键词聚类视图来看，形成了#0 权力清单、#1 权责清单、#2 依法行政、#3 法治政府、#4 简政放权、#5 责任清单、#6 法治政府、#7 地方政府、#8 清单制度共九个聚类群，关于权责清单的研究主要围绕这些聚类展开。

通过整理聚类群信息和结合现有文献的内容可以发现，权责清单研究热点主要聚焦于权责清单系统化、标准化、技治化、法治化和创新化这五个主题领域。

一是权责清单系统化。从研究内容上来看，大多数学者基于行政组织层级的视角对权责清单的系统化运行进行了思辨探索。①②首先，基于整体政府的理论视角可以发现，权力清单的提出在一定意义上是对解决中国政府纵向科层与横向组织关系问题的创新性尝试。③部分学者对于这种尝试进行了实证分析，发现部分地区上下级政府部门之间事项权限内容模糊，甚至不同层级部门间权责事项完全一样的问题屡屡发生；同时，多数权责清单中并未明晰同级政府不同部门的职权范围，"权力打架"的现象较为常见。④一些研究基于这些实证发现提出了权力清单进一步系统化运行的优化路径：纵向层面上，各级政府保留的职权应与其科层定位相契合，以便形成互补性层级合作空间，如省市政府应主要致力于宏观政策的制定，而县乡政府则应负责各项具体措施的推进；横向层面上，权力清单应以特定事项为中心进行权力与责任的划分。这种划分方式有助于加强部门之间的沟通协作，从而避免治理缺位的问题，实现对公共事务的全方位治理。⑤

---

① 邹东升，陈思诗. 党的十八大后中国省级政府权力清单制度创新的扩散——基于政策扩散理论的解释[J]. 西部论坛，2018（28）：26-34.

② 朱光磊，赵志远. 政府职责体系视角下的权责清单制度构建逻辑[J]. 南开学报（哲学社会科学版）2020（3）：1-9.

③ 夏德峰. 地方政府权力清单制度的实施现状及改进空间[J]. 中州学刊，2016（7）：16-20.

④ 王湘军，李雪茹. 从"碎片化"到"整体化"：清单管理制度健全路径探论[J]. 行政论坛，2019，26（2）：48-57.

⑤ 王杰，张宇. 制度势能：政府权力清单制度的实施逻辑和效果差异考察[J]. 探索，2021（2）：113-125.

二是权责清单标准化。对于权责清单标准化的研究,目前学者主要将目光聚焦在清单内容的标准化与清单形式的标准化两方面。一部分学者关注权力清单内容的标准化,主要从权力清单的划分依据、具体数量、运行与监督流程、发布主体与平台不一致的现状出发,对权力清单不统一不规范的原因进行分析,并从制度模式与法律建设一致化等方面提出改革建议。[①②]另一部分学者对目前政府已公布的清单依据制定目标进行分类,主要包括行政效率型、治理效率型、服务公平型和治理监督型清单。尽管这些清单中已出现了逻辑起点不一、内容相互打架、多个清单无法有机衔接等问题,但这种具有中国特色的清单制度依然能够体现政府对效率与公平的平衡治理导向。[③④]

三是权责清单技治化。作为一种中国特有的机制创新,权责清单也在经历"从总体支配到技术治理"[⑤]的逻辑历程。有学者对各级政府现行权力进行梳理、集成与归纳,与信息技术相结合,并按照"行政吸纳政治"逻辑进行排序与公布,最终认为在这种科学性操作下能够达到行政工作的"简单化"与"清晰化"效果,这也是权责清单的"技治化"特征。[⑥]还有学者提出,权责清单通过明确公开的府际分权、清晰稳定的内部限权以及多元合理的外部分权等技术手段对权力进行了重新界定,技术治理的这种"界权—治理"机制使从"行政吸纳政治"到"行政引导治理"的逻辑发展在我国成为可能。[⑦⑧]

四是权责清单法治化。法定职责必须为、法无授权不可为,权责清单的实施是依法执政、法治政府建设的重要举措,权责清单的法治化研究已然成为该领域的一大热点。目前国内政治学、管理学以及法学领域在运用场景中

---

① 赵勇,马佳铮. 大城市推行权力清单制度的路径选择——以上海市Y区为例[J]. 上海行政学院学报,2015,16(2):12-19.

② 郑曙村. 地方政府权力清单制的实践探索与优化思路[J]. 齐鲁学刊,2020(4):106-117.

③ 付建军. 当代中国公共治理中的清单制:制度逻辑与实践审视[J]. 当代世界与社会主义,2016(5):166-174.

④ 罗亚苍. 权力清单制度的理论与实践——张力、本质、局限及其克服[J]. 中国行政管理,2015(6):29-33、45.

⑤ 解胜利,吴理财. 从"嵌入—吸纳"到"界权—治理":中国技术治理的逻辑嬗变——以项目制和清单制为例的总体考察[J]. 电子政务,2019(12):95-107.

⑥ 付建军. 当代中国公共治理中的清单制:制度逻辑与实践审视[J]. 当代世界与社会主义,2016(5):166-174.

⑦ 解胜利,吴理财. 从"嵌入—吸纳"到"界权—治理":中国技术治理的逻辑嬗变——以项目制和清单制为例的总体考察[J]. 电子政务,2019(12):95-107.

⑧ 石亚军,王琴. 完善清单制:科学规范中的技术治理[J]. 上海行政学院学报,2018,19(6):55-63.

对于权力清单的法理定位一直众说纷纭。①有学者提出，基于对权力清单的功能、内涵等方面的分析，通过考察权力清单的含义、属性等方面的内容，可以认定权力清单属于规范性法律文件，具有法律效力，是一项全新的法律制度。②也有学者对此提出了不同的意见：权力清单仅仅是各级政府部门依据现行法律法规对自身权力进行整理归纳并公开的列表，无法替代法律，更不应该凌驾于法律之上，在行使行政职权的现实过程中，当权力清单有悖于法律法规时，应以法律法规为准。③还有学者提出了更加细致的法理定位：权力清单是一种具有行政自制风格的行政规则，不具有对外直接的法律效力。④目前，国内学者对于权责清单的法治化研究尚且没有明确统一的结论，相关政策文件也没有清晰的定义，造成了权责清单现实应用场景的缺失。换言之，对权责清单法律效力的不同定义必然会导致实际运用过程中对权责清单的认知差异，而这种差异最终会导致权责清单在各级政府部门的运用过程中无法协同一致。

五是权责清单创新化。近年来，权责清单创新化成为权责清单研究领域的重点，并逐步扩散到政治、经济、社会等层面，由此形成了"村民自治""党的建设""不破不立""强院兴校"等热点。部分学者以农村宅基地管理权力清单的创新性试探为案例，对这种在依法执政背景下乡村振兴战略的重要措施进行了探究。⑤在全面深化改革的背景下，有学者聚焦行政审批（许可）权力清单建构中的法律问题，认为清理和有效规范非行政许可审批以确保清单之外不再有变相审批权力的存在，对审批事项的合法性进行有效审查以阻止不合法的审查事项进入权责清单，激活行政审批的评价机制以顺应经济社会发展和改革的需要及时修改、调整清单中的审批事项等，这些都是行政审批权力清单建构中需要着力解决的问题。⑥高校行政改革领域中，权责清单也具有很高的研究热度，有学者提出高校权责清单制度能够有效促进管办

---

① 杜敏. 推行行政权力清单制度的法理反思与制度完善[J]. 江西社会科学，2016, 36（5）：160-166.
② 林孝文. 论地方政府权力清单的法律属性[J]. 求索，2015（8）：96-99.
③ 申海平. 权力清单的定位不能僭越法律[J]. 学术界，2015（1）：126-134.
④ 喻少如，张运昊. 权力清单的制度定位———一种行政自制规则[J]. 湖北民族学院学报（哲学社会科学版），2016, 34（3）：94-100, 156.
⑤ 常城. 构建农村宅基地管理政府权力清单制度的政策建议[J]. 农业经济，2018（11）：78-80.
⑥ 王克稳. 行政审批（许可）权力清单建构中的法律问题[J]. 中国法学，2017（1）：20.

评分离改革与去行政化，释放高校办学活力，有效落实高校办学自主权。①

4. 研究趋势分析

通过对关键词聚类分析，可以探测出某时期出现的突现词。突现词是一定时期内出现频次比较高的词，其变化能够反映出一定时期学者对该领域研究的热点与趋势。为了更深入地了解权责清单的演化趋势，本研究运用CiteSpace 软件 Visualization 中的 Citation Burst History 功能，共获取14个突现词。

Top 14　Keywords with the Strongest Citation Bursts

Keywords	Year	Strength	Begin	End	2012—2023
体制改革	2014	1.38	2014	2015	
简政放权	2014	1.36	2014	2015	
市场经济	2014	0.92	2014	2015	
政府	2015	1.49	2015	2016	
行政权力	2016	2.95	2016	2018	
清单制度	2017	2.84	2017	2018	
权责清单	2016	4.12	2018	2023	
技术治理	2018	0.97	2018	2023	
县级政府	2018	0.87	2018	2020	
规范化	2020	1.55	2020	2023	
地方政府	2014	1.36	2020	2021	
强院兴校	2020	1.14	2020	2021	
政府治理	2017	0.85	2020	2023	
治理效能	2021	1.16	2021	2023	

图 1-2　2012—2023 年权责清单研究领域突现词

（1）"清单制度"成为研究前沿

由图 1-2 可知，2017 年以来我国权责清单主题研究发生了突变，"清单制度""权责清单"主题相关研究成为热点。"权责清单"突现强度达到4.12，

---

① 张茂聪，李睿."三张清单"机制下的政府权力释放——基于高校管办评分离的视角[J].黑龙江高教研究，2017（10）：44-47.

且突现时间最长；"政府治理""治理效能"突现的时间最近，说明近年来受关注比较大。

在具体研究中，王太高以行政法理论为基础，从民主政府、有限政府、高效政府、责任政府和平民政府五个经典理论主张出发，对权力清单的法理效力进行了分析，将权力清单定义为一种极具中国特色的行政法制度，该研究最终落脚于维护权力清单的严肃性、法治性和权威性的重要性方面。① 同时，权责清单法治化的细节也逐渐成为领域内学术研究重点。有学者将顶层设计、法律法规、政府职能、监督机制等方面作为抓手，探索法治政府建设与权力清单制度的契合路径。② 也有学者提出规范制定主体、顶层设计明确定性定位以及与其他行政法律规范的有机协调等方面是现阶段完善权力清单制度的重要任务。③ 还有学者认为权责清单具有"软法属性"，并基于这种特殊属性，对权责清单动态管理与监督模式进行了梳理分析。④

（2）权责清单"法治化"路径

权责清单法治化研究主题的转变实质上反映的是全面深化改革实践领域的变迁。党的十九届四中全会、《法治中国建设规划（2020—2025年）》提出了在依法治国的背景下大力推行清单制度并实行动态管理的要求。习近平总书记曾明确指出，要坚持改革决策与立法决策相统一、相衔接。2020年11月，中央全面依法治国工作会议明确了习近平法治思想在全面依法治国中的指导地位，全面推进依法治国，法治政府建设作为重点任务和主体工程，因此行政权力法治化成为重要的实践表达和学术研究关注点。

（四）结语

本研究利用可视化分析工具 CiteSpace 对我国有关权责清单研究的发文时间、核心文献、高产作者、研究热点及研究趋势进行了分析和归纳，并结合权责清单相关课题和出版图书情况，得到以下结论。

第一，自2014年我国第一篇有关权责清单研究的文献出现，到2023年

---

① 王太高. 权力清单："政府法治论"的一个实践[J]. 法学论坛，2017，32（2）：13-21.
② 陈大为. 内在契合：建设法治政府与推行权力清单制度的关系研究[J]. 河南社会科学，2020，28（1）：69-77.
③ 黄学贤，刘益浒. 权力清单法律属性探究——基于437份裁判文书的实证分析[J]. 法治研究，2019（1）：139-151.
④ 曾哲，曾心良. 权责清单软法属性的证成及规制[J]. 南京社会科学，2019（1）：102-108.

短短几年时间，权责清单研究已经历了大幅增长、逐渐下降以及平稳发展的过程，这与普赖斯文献增长曲线（Price'curve）理论相吻合。该领域研究的节点与我国推进权责清单制度建设进程相关，因此在下一次文献突变产生之前，权责清单研究将会处于平稳发展的过程。

第二，在团队力量与合作方面，权责清单研究领域核心作者团队尚未形成，现有研究取得了一定成果，但仍处于发展阶段；现有的机构合作最多出现在 2 至 3 个机构之间，这样的小规模合作会导致一定的学术壁垒，不利于领域内信息的交流与共享。课题研究目前形成了一定的群体，但重大课题和标志性成果凸显不足，特别是制度实施的成效研究不足。

第三，在研究方法方面，权责清单研究更多的是进行描述分析，以定性研究为主，目前出版的图书和立项课题多从宏观视角出发，对权责清单制度的实施情况进行思辨分析。由于受到数据的获取难度高、抽样调查的可行性低等因素影响，目前权责清单研究以反实证研究为主，实证研究发展较为薄弱。

第四，从研究主题和研究趋势来看，目前权责清单的研究主题主要为权责清单系统化、标准化、技治化、法治化和创新化。其中，法治化是目前研究的热点，整体来看，未来权责清单的研究方向有待丰富完善。从研究趋势来看，目前权责清单领域的主要研究方向都紧紧围绕制度建设和行政法治这两大方面，"权责清单法治化"也会成为未来权责清单研究领域的热点趋势。

由于权责清单制度是典型的"中国创造"，西方的学术研究及其现实中并不存在相对应的概念、理论和制度，因而中外研究对比的缺失是本研究无法规避的短板，这也凸显出探索具有中国特色的权责清单模式的重要性。

第四节 研究内容与研究方法

一、研究内容

本研究以地方政府权责清单制度的建立和发展为研究对象，以问题诊断和制度绩效提升为价值取向，力图构建一个地方政府权责清单制度建设、发展和改进的完整研究链条。具体内容和结构简要概述如下。

第一章为绪论部分，介绍了本研究的研究背景、研究目标与意义，全面总结了国内外当前的研究进展和发展动态，分析权责清单制度研究的未来发展方向，介绍了研究内容和主要研究方法，并对本研究的实证研究情况进行说明。

第二章主要探讨基本理论及其实践关怀，重点介绍权责清单相关概念、"三定"规定，以及权责清单同"三定"规定有机衔接等内容；分析推进权责清单制度建设的基本原则，归纳权责清单的功用，提出权责清单制度的发展构想，探讨其制度建设的综合配套改革。

第三章主要探讨地方政府权责清单制度创新和扩散的模式机制。由于权责清单制度已发展了近20年，在演进过程中形成了不同的发展模式，因此本章首先回顾了权责清单制度"试点—推广—调整"的实践演进，探讨权责清单建设和发展的时代动因，横向比较不同模式的特点，接着对比我国不同省份权责清单制度的发展空间和时间状况，通过因子分析对造成地区差异的影响因素进行解释，最后以此为基础对权责清单制度创新的空间、持续性进行分析。

第四章主要研究地方政府权责清单制度建设的过程与行为。首先实证比较了省、市、县三级政府权责清单建设的"确权""晒权""调权"等推动过程，其次从偏差行为、发生机理、影响因素角度对组织场域权责清单制度建设的推进机制进行实证分析，最后对权责清单制度实施以来政府职责体系重构进行叙事分析，就目前权责清单制度建设过程中存在的问题提出了几点思考。

第五章主要研究权责清单制度动态调整的过程跟踪。权责清单建设完成后，就进入了制度实施和动态调整期。本章首先梳理动态管理的基本理论，阐述了动态管理的必要性及其意义，介绍了权责清单动态管理的政策演进和基本流程，接着对不同行政级别的权责清单动态管理实践进行案例分析，最后针对其存在的问题提出相应的对策。

第六章主要探讨地方政府权责清单制度成效。本章重点探讨权责清单制度实施以来发挥的成效。运用定性评估与定量评估相结合的方法，从权责清单自身体系建设、输出成效和输入评价三个层面进行衡量，通过对比政府行政工作人员与社会公众的评价结果，分析我国西部、中部、东部地区的实施效果。

第七章主要讨论了地方政府权责清单制度实施存在的问题及改进措施。基于前述研究，结合实证研究数据，从理念、制度、行为、技术层面提炼权责清单制度实施可能存在的问题，并针对问题提出改进和完善权责清单制度的措施。

总之，本研究在宏观层面上通过文献分析，引入权责清单制度创新和扩散的模式机制分析框架；中观层面以比较研究的方法联结框架结构，探讨权责清单制度实施的过程机制与行为逻辑；在微观层面，综合采取观察访谈、问卷调查、案例分析等方法，探讨权责清单制度创新和扩散的模式机制、过程行为，评估实施的阶段性效果，指出目前权责清单实施存在民众参与度缺失、标准尺度不一、系统整合难度大等一系列问题，并提出改进我国权责清单实施状况的对策。

二、研究方法

（一）问卷调查法

问卷调查法是利用书面或线上程序提出问题来搜集相关资料的一种研究方法，以获得调查对象对某些现象或问题的看法与意见，又称为问题表格法。本研究所运用的问卷均通过"问卷星"平台进行线上发布与回收，以调查了解权责清单编制与调整过程中出现的问题与现象和地方权责清单制度实施的成效，透过现象深入剖析其本质与内在逻辑，以便更好地为当前我国权责清单制度的调整与完善提供针对性意见。

1. 问卷结构

在权责清单参与制定人员的调查问题设计中，问卷的基本结构包括两部分：第一部分为指导语及基本信息，第二部分为调查问题，主要从制定过程、建设发展、制度质量和产出效益来评价，包括制定、调整和评价等环节。在政府人员和社会公众的调查问卷中，问卷结构分为四部分：第一部分为指导语，阐述问卷调研目的和具体内容；第二部分是个人基本信息调查，内容包括性别、年龄、学历、工作单位性质、工作年限、角色（政府工作人员的问卷、行政相对人的问卷、一般公众问卷）、职级、政治面貌、所在区域、城市类型等；第三部分是权责清单制度的产出标准（包括秩序、基本公共品和集体行动），根据指标设置测量问题的四个等级；第四部分是权责清单制度的输入标准（公众对于政府权力事项的态度、要求及其表达）。

2. 问卷指标设计

在权责清单制度实施的成效评价问卷中，制度绩效集中体现了制度运行的结果。本研究主要从三个层面进行评价：第一类是制度产出标准，即制度能够提供满足制度相关人基本需要的产品，包括秩序、基本公共品和集体行动；第二类是制度输入标准，制度相关人对于制度的态度、要求及其表达，可概括为制度相关人对制度实施的承认和参与；第三类是制度改进标准，即制度在一定时空条件下的自我调整和自我完善。从这三个层面设计一级指标，并在此基础上进行相关二级指标与三级指标的拓展设计。

本研究从权责清单的制定过程、建设发展、制度质量、产出效益四个方面，将权责清单制定过程和制度效应分解为可量化且具有操作性的指标，具体如表 1-8 所示。

表 1-8　权责清单调查问卷（权责清单参与制定的人员）指标设计

一级指标	二级指标
制定过程	清权：依据法律法规清理政府所有的权力事项
	确权：明晰权力事项实施的细则
	晒权：权力内容在政府网上公开
	制权：问责依据和监督方式明确
建设发展	动态更新：权责清单是否根据机构改革与职能调整及时更新
	横向拓展：权责清单是否在党政机构其他部门全面推进
	纵向延伸：权责清单是否向乡镇和村级延伸
	公众参与：社会公众和第三方的参与程度
制度质量	公众满意度：是否以需求为导向下放群众急需的关键事权
	上下级权责清晰度：政府不同层级之间权责关系是否规范
	权责承接度：下放的权力是否得到很好的承接
	自由裁量度：权力自由裁量是否规范
	横向职责清晰度：政府内部不同部门之间的职责边界是否清晰
产出效益	行为秩序性：工作人员是否依据权责清单要求规范做事
	事项完整性：清单内容是否与工作事项相一致

制定过程从清权、确权、晒权、制权四个方面设立二级指标，建设发展从权责清单的动态更新、横向拓展、纵向延伸、公众参与四个层面设立二级指标，制度质量从公众满意度、上下级权责清晰度、权责承接度、自由裁量度、横向职责清晰度五个方面设立二级指标，产出效益分为行为秩序性和事项完整性两个二级指标。

地方政府权责清单实施成效从权责清单制度的产出标准、输入标准以及改进标准三个方面进行测量，每个方面又分为不同类别的二级指标和细化的三级指标，具体如表 1-9 所示。

表 1-9 地方政府权责清单制度实施成效调查问卷（政府行政工作人员）指标设计

一级指标	二级指标	三级指标
权责清单制度的产出标准	行政权力行使的类别	—
	行使权力行使过程的规范性	—
	行政权力边界的清晰度	—
	隐性办理条件的存在性	—
	行政权力的溢生性	—
	行政权力监督制约成效	—
权责清单制度的输入标准	工作获得感	工作量
		工作效率
	责任状态	工作使命感
		责任规避行为
		责任规避意识
	权责关系	部门之间的权责一致性
		上级放权放责的彻底性
	利益	信息共享意愿大小
		关键事权下放程度
	应用场域	清单应用场景的存在性
权责清单制度的改进标准	功效评价	能否提供权力划分依据
		管理服务的精细化水平
		流程优化及效率提高程度
		部门权责边界清晰程度
		权责清单应用场景范围
	自我评价	行政工作人员重视程度

第一，权责清单制度的产出标准（获得感，包括秩序、基本公共品和集体行动）从行政权力行使的类别、行政权力行使过程的规范性、行政权力边界的清晰度、隐形办理条件的存在性、行政权力的溢生性、权力监督制约成效六个方面设立二级指标。

第二，权责清单制度的输入标准（公众对于政府权力事项的态度、要求及其表达）从工作获得感、责任状态、权责关系、利益以及应用场域五个方面确立二级指标。在二级指标的基础上，按照系统性原则设立便于测量的三级指标。比如，工作获得感指标包括行政机关工作人员的工作量和工作效率两个三级指标；责任状态指标细分为行政工作人员的工作使命感、责任规避行为和责任规避意识；权责关系指标从权责一致性角度进行考量，分为部门之间权责一致性和上级放权放责的彻底性两方面；利益指标划分为信息共享意愿大小、关键事权下放程度两个三级指标；应用场域指标下设清单应用场景的存在性一个三级指标。

第三，权责清单制度的改进标准（自我调整和自我纠错）从权责清单的功效评价和工作人员的自我评价两个指标进行衡量。其中，评价权责清单的功效具体包括能否提供权力划分依据、管理服务的精细化水平、流程优化及效率提高程度、部门权责边界清晰度程度、权责清单应用场景范围这五项三级指标，自我评价方面主要从行政工作人员对权责清单的重视程度进行考量。

针对公众设计的地方政府权责清单成效，调查问卷从公众办理行政事务经历、权责清单制度的产生标准、权责清单制度的公众评论三个方面进行测量，每个方面又分为不同类别的二级指标，具体见表1-10所示。

表 1-10 地方政府权责清制度单实施成效调查问卷（公众）指标设计

一级指标	二级指标
公众办理行政事务经历	办理行政事务的次数
	办理行政事项的类别
	办理行政事务的层级
	办理完成经历的次数
	办理事务跑多次的原因
	办理事务的最长时间跨度（最近一次）
权责清单制度的产出标准	网上查询办事指南的习惯性
	网上办事指南的易获取性
	行政办事指南的易懂性
	行政权力行使的规范性
	行政职责关系的明晰性
	隐性办理条件的存在性
	行政权力的溢生性
	行政权力监督制约成效
权责清单制度的公众评价	行政事务办理手续是否便捷
	行政事务办理效率是否提高
	工作人员行政权力是否滥用
	工作人员办事过程是否规范
	行政事务办理过程是否透明
	行政事务办理周期是否缩短
	行政事务办理总成本是否降低
	公众对行政人员工作行为的满意度

（二）访谈法

访谈法是指采访者通过与受访者面对面交谈以了解受访者的心理与行为的研究方法，能够简单、快速地收集到第一手资料，又称晤谈法。本研究所运用的访谈资料来自河南省大部分城市及其下设区、县编办的主要负责人及工作人员，访谈问题紧密结合当地实际情况，涉及权责清单制定、公示、运行、监督、调整等阶段所出现的现象、遇到的问题及取得的成效。

结构化访谈问卷的对象是权责清单的制定者，问题主要是基于权责清单的过程管理、"放管服"改革中行政权力的科学化配置、权责清单与政务网的融合情况、清单的实施多大程度上改变了公民的办事习惯、动态管理的执行过程、清单制度建设取得的成效和问题等六个方面来设计访谈提纲。具体情况如下。

第一，从过程管理访谈权责清单制定和调整的规范性、科学性和完整性，探寻实践中权责清单过程管理中存在的问题。

第二，访谈了解在"放管服"改革中放权赋权的力度、质量、承接能力和跟踪指导等配套支持措施，层级政府间职责体系调整配置是否科学。

第三，访谈了解不同层级政府权责清单的公开状况，以及权责清单的实施是否改变了公众的办事习惯。

第四，访谈了解制定者对权责清单与政府服务网的融合情况的认识，随着政务服务平台的推广和广泛应用，权责清单在政务服务平台的应用场景。

第五，访谈了解权责清单调整的时间周期、参与部门、调整依据，以及动态调整中遇到的哪些实践问题。

第六，访谈了解从权责清单制定者的角度来看，权责清单取得的成绩以及带来哪些改变，现实中还存在哪些问题。

总的来说，访谈设计围绕上述六个问题展开，并对访谈结构进行书面化语言提炼和编码。访谈数据的编码在核心概念与范畴的形成过程中遵循经典扎根理论的研究精神，重视概念与范畴的自然涌现，而不是在访谈前对研究结果进行预测或设想。但本研究并没有采用完整意义上的编码过程，即实质性编码（开放性编码、选择性编码）与理论性编码。本研究运用经典扎根理论编码方式的目的仅是清晰、提炼访谈数据的核心概念与范畴，便于进一步分析各影响因素或存在的问题，而不是形成某种理论框架，因此并没有进行理论性编码。本研究先对访谈数据进行逐词、逐句或逐段的开放性编码，随后运用思维导图软件 MindManager 21 对开放性编码归类、整合直至核心概念出现。核心概念出现后，在选择性编码阶段，只保留对研究内容有影响或相关联的编码，最终抽象出核心范畴。核心范畴与核心概念都具有一定的核心性、解释力、频繁重复性等特征。

（三）案例分析法

本研究立足各地方政府权责清单制度实施的实际情况，通过分析部分地方政府在推进权责清单制度过程中的一些具体案例和做法，发现目前权责清单制度在推进过程中取得的成果和存在的问题，进而分析其影响因素，提出相应改进措施。在分析权责清单的完善和深化阶段，以洛阳市为例，分析洛阳市政府多策并举，强力推进权责清单的一系列措施；在分析省辖市市级权责清单动态管理时，以驻马店市、开封市为案例；在分析县级权责清单动态管理的实践时，以兰考县、长垣市、武陟县、巩义市等为案例，进行权责清单动态管理的实践分析。

（四）比较分析法

本研究通过比较全国推行权责清单制度的 27 个地区形成的九类权责清单模式，结合不同地区实际，对九类地区推行权责清单的类型、分类标准、覆盖范围进行比较。在横向上，比较权责分列和权责合一模式的特点，主要对比浙江模式与安徽模式的发展，分析优缺点，跟进比较权责清单两单分列与两单合一"改进版"的创新维度、特点及效应等。通过比较分析，得出目前权责清单各个模式的不同之处和推行现状。

（五）文献研究法

通过查阅与权责清单制度相关的文献，本研究对权责清单的基本理论进行归纳与总结，对有关权责清单制度建设、创新和扩散、过程跟踪、成效评估等方面进行系统性分析和整理，以便梳理权责清单制度实施中存在的问题，并针对问题提出相应的改进措施。梳理研究文献的时间分布、研究者与研究机构、研究方法，并对研究的关键词进行统计和聚类分析，明晰权责清单制度的研究趋势，有助于我们掌握国内外关于权责清单制度的研究状况以及国家发布的相关政策。

三、实证研究过程

本研究的研究主题是权责清单制度动态跟踪和成效评价。除河南省，课题组前期还到浙江省编办和上海市编办进行了调研交流，课题撰写中期与江苏省编办和内蒙古编办进行了充分调研交流。课题组在问卷设计和访谈提纲的确定等方面，与河南省编制研究会、三门峡市编办、郑州市金水区编办等实务工作者进行了充分的交流讨论和修改。调研活动选取了具有典型意义的制度相关人进行深度访谈，选取不同类型制度相关人进行问卷调查，对权责清单制度实施成效进行单维度评估和综合评估，对调查资料的量化数据进行了对比分析。比较不同制度相关人（权责清单制定人员、政府行政工作人员和社会公众）对权责清单制度实施的社会认知与评估。

（一）问卷

1. 研究对象一：权责清单制定人员

本研究主要选取河南省权责清单制定人员，样本人员涵盖省市县三个层级，样本总数195份，有效问卷195份。本研究的调研介入得到了河南省编办和各省辖市编办的大力支持，河南省多数市县编办负责权责清单的科室人员都参与了问卷调研。由于部分市县后期把权责清单工作移交给了大数据局，一些市县大数据局和行政服务中心的人员也参与了问卷调研。如表1-11所示。

表1-11 权责清单制定人员调查样本基本情况

类别	调查样本基本情况
性别比例	男性占59.5%，女性占40.5%
年龄	22～25岁占2.6%，26～30岁占24.6%，31～40岁占45.1%，41～50岁占20.5%，51～60岁占7.2%
受教育程度	高中（中专、技校及职高）占4.1%，大专占11.8%，本科占71.8%，研究生占12.3%
工作年限	3年以内占9.7%，4～10年占39.0%，11～20年占31.3%，20年以上占20.0%
政治面貌	中共党员占82.6%，无党派人士占1.5%，群众占15.9%
职级	科员、办事员及其他占70.3%，科级占29.2%，处级占0.5%
单位层级	县级行政单位占83.6%，市级行政单位占16.4%

2. 研究对象二：政府行政工作人员

考虑到东部、中部和西部地区的样本的均衡性，课题组抽取样本总数519份，获得有效问卷519份。为获取东部地区政府行政人员的调研样本，中央编制管理研究会、河南省发展研究中心与江苏省编办等机构积极联系，成功收集了121份样本，约占总体样本的23.3%；课题主持人利用所在的区位优势，广泛动员郑州大学、河南大学毕业的MPA政府学员，并联系了编制部门、行政服务中心等各类型公务人员，获得中部地区调研样本250份，约占总体样本的48.2%；西部地区政府行政人员调研样本的获取，得到了云南大学、贵州大学等老师及其MPA学员的支持，广西、四川、陕西、甘肃等政府人员和党校教师也给予了动员支持，获得调研样本148份，约占总体样本的28.5%。如表1-12所示。

表1-12 政府行政工作人员调查样本基本情况

类别	调查样本基本情况
性别比例	男性占47.0%，女性占53.0%
年龄	18～25岁占4.4%，26～35岁占49.5%，36～45岁占25.6%，46～60岁占20.5%
职级	科员占69.6%，科级占21.8%，处级占7.1%，处级以上占1.0%
受教育程度	初中及以下占2.3%，高中（中专、技校及职高）占6.0%，大专占8.3%，本科占61.3%，研究生占22.1%
工作年限	3年以内占11.6%，4～10年占40.3%，11～20年占23.5%，20年以上占24.6%
政治面貌	中共党员占71.1%，共青团员占8.1%，民主党派占1.0%，群众占19.8%
区域	东部地区占23.3%，中部地区占48.2%，西部地区占28.5%
城市类型	省会城市占30.8%，地级市占24.1%，县（区）级市占36.2%，乡镇占8.9%

3. 研究对象三：社会公众

考虑到东部、中部和西部地区的样本的均衡性，课题组抽取样本总数966份，获得有效问卷966份。在部分题目选项设置中，选择不同选项会出现问题跳答的情况，但该问卷仍为有效问卷。东部地区调研样本342份，约占总体样本的 35.4%；中部地区调研样本 531 份，约占总体样本的 55.0%；西部地区调研样本 93 份，约占总体样本的 9.6%。如表 1-13 所示。

表 1-13　社会公众问卷调查样本基本情况

类别	调查样本基本情况
性别比例	男性占 45.1%，女性占 54.9%
年龄	18~25 岁占 15.2%，26~35 岁占 32.6%，36~45 岁占 36.4%，46~60 岁占 15.2%，60 岁以上占 0.6%
职业	国家机关、党群组织、企业、事业单位负责人占 16.6%，专业技术人员占 22.3%，办事人员和有关人员占 15.9%，商业、服务业人员占 11.0%，农、林、牧、渔、水利业生产人员占 1.0%，生产、运输设备操作人员及有关人员占 1.0%，军人占 0.3%，其他类别占 31.9%
受教育程度	初中及以下占 4.8%，高中（中专、技校及职高）占 8.8%，大专占 18.6%，本科占 47.8%，研究生占 20.0%
工作年限	3 年以内占 23.6%，4~10 年占 23.9%，11~20 年占 28.5%，20 年以上占 24.0%
政治面貌	中共党员占 39.3%，共青团员占 20.7%，民主党派占 0.7%，群众占 39.3%
区域	东部地区占 35.4%，中部地区占 55.0%，西部地区占 9.6%
城市类型	省会城市占 45.9%，地级市占 19.3%，县（区）级市占 22.9%，乡镇占 12.0%

（二）访谈

调研样本以河南省为主，调研目标人群为参与制定权责清单工作人员。权责清单访谈共 31 份，基本抽样是每个省辖市 3 份，每个县（市、区）各 1 份。抽样范围涵盖了郑州市、新乡市、商丘市、开封市、洛阳市、平顶山市、濮阳市等河南省大多数省辖市，感谢河南省编办给予的支持和动员，以及郑州市、洛阳市、新乡市、商丘市、开封市编办给予的积极动员和组织。

第二章　权责清单制度的基本理论与实践要求

第一节　权责清单制度的基本概念

一、权责清单制度的基本内涵

行政职权主要是指对公民、法人和其他组织的权利义务产生直接影响的具体行政行为。从行政职权的管理对象看，部门的行政职权可分为内部职权和外部职权。内部职权是行政机关内部的管理活动，外部职权是实施对象为特定公民、法人或其他组织的行政行为。行政职权从行为性质方面也可以分为具体行政行为和抽象行政行为，前者如行政处罚、行政强制等，后者如行政规划、行政决策等。行政职权是一个抽象的概念，行政职权事项是一项项具体的行政职权。行政职权目录是行政职权事项按照一定形式所形成的目录清单。政府公布的政府部门行政职权目录包括序号、项目名称（即行政职权事项名称）、职权类别等要素。在权责清单制度具体实践中，行政权力与行政职权是一对可以等同的概念，即行政权力等于行政职权、行政权力事项等于行政职权事项，只不过在中央层面不同的文件中，采用了不同的表述。例如，中共中央办公厅、国务院办公厅印发的《关于推行地方各级政府工作部门权力清单制度的指导意见》采用的是"行政职权"，而《国务院关于加快推进全国一体化在线政务服务平台建设的指导意见》《国务院办公厅关于印发"互联网+政务服务"技术体系建设指南的通知》等采用的是"行政权力事项"，但两种表述指向的是同一内容。

权责清单包括权力清单和责任清单。权力清单以清单形式将每项职权的名称、编码、类型、依据、行使主体和监督方式等内容，及时公布在政府网站等载体上。责任清单明确部门职责，界定职责界限，按照权责一致、权责法定的要求，"处理好责任与权力、责任与义务、责任与效能、责任与服务之间的关系"。权力清单和责任清单的关系模式主要有"一体模式"和"分立模式"两种:"一体模式"即权力和责任是一表两单,权力事项与责任事项和追责情形等相对应;"分立模式"即权力清单和责任清单各成体系,分属两张清单,责任清单是部门的使命,权力清单则是部门完成使命的手段。《中央编办、法制办关于深入推进和完善地方各级政府工作部门权责清单制度的指导意见》明确要求:"分别建立权力清单和责任清单,尚未实现两单融合的地方,要按照权责一致的原则,对权力清单和责任清单进行统筹设计,加快推进两单融合,构建权责匹配、简明实用的清单模式,着力解决权力清单和责任清单'两张皮'的问题。"但是权责统一不直接等同于权责清单的对标,因为行政责任的范畴不仅包括政治责任,还包括法律责任和道义责任;且既包括违法行政行为、不当行政行为,还包括合法行政行为对行政相对人造成损害所应承担的后果。[①]责任清单重在职权上细化环节责任,如划转职责、职责边界等。权力清单和责任清单实质上是不同的个体,但又在形式上保持对应稳定、相辅相成,"理想的责任清单的内部构造应当为部门职责、职责边界、部门职责对应的权力事项、公共服务事项、事中事后监管、职责行使流程图、追责情形和追责依据"[②]。责任清单的纵向链条分为责任事项、责任主体、责任依据、责任边界、追责情形和处罚标准等方面,横向链条分为部门职责、职责分工、事中事后监管和行政协同等相关环节。

权力清单是把各级政府及其所属工作部门掌握的公共权力和承担的责任进行全面梳理,明晰公共权力事项及其依据、行使主体、运行流程、对应的责任及问责依据和处置部门等内容,通过列表清单的形式公示,主动接受社会监督。这种公布形式不仅是政府的规范性文件,还是一种文献资料索引汇编。从这个意义上来说,权力清单也可以称为权责清单。权责清单制度建设着眼于全面优化和公开权力运行流程,通过政府职能体系和权力监督制约机制的建立,解决权力运行中存在的权责交叉、相互推诿、监管缺位、权力寻租等突出问题,同时助推"放管服"改革。权责清单界定职权范围,同时明确政府部门应承担哪些责任,对共管领域清晰划分行政职权职责,减少部

[①] 徐全彬. 我国行政责任的制度化研究[D]. 厦门:厦门大学,2009.
[②] 刘启川. 独立型责任清单的构造与实践基于31个省级政府部门责任清单实践的观察[J]. 中外法学,2018,30(2):440-454.

门推诿扯皮现象，避免管理缺位问题。权责清单制度主要包含三层意思，具体如下。一是明确权力边界。即政府该管什么，不该管什么，明确政府该怎么管理社会和市场，哪些事项该审批，哪些事项不该审批，到底有哪些程序和流程等，都用制度形式定格下来，让政府"法无授权不可为"，权力行使有依据、边界和程序。二是明确政府责任。从政府合法性的角度来看，政府的权力来源于人民，政府要对社会公众负责。明确政府责任即政府对应的责任有哪些，做到"法定责任必须为"，变传统的"针对部门讲责任"为"针对具体行政权力讲责任"。三是实行政务公开。即权力清单不是内部掌握，而是要求"晒"，是面向公众的具体行政行为，权力运行必须公开透明和监督有效。

在责任政府的建设过程中，责任清单是权力政府向责任政府转变的关键环节。改革的关注点从对行政主体的失职失责的惩罚，过渡到为行政主体负责任有担当的主动作为提供监管、指导、服务等上来，限制和减少行政行为中的乱作为和不作为现象。[①]"在我国各地方政府推出的责任清单中，只有为数不多的几个省份对具体的追责情形作出了明确的规定，而大部分政府的责任清单则没有明确列出追责情形。"[②]在责任清单中，如何区分权力与责任是有一定难度的，政府的责任事项除了承担行政权力对应的责任，还有政府应尽的责任事项，即有些事项虽然没有列入清单，但确实是政府的责任事项，如果仅将责任事项一一对应权力事项，便缩小了政府责任的内涵与外延。责任清单在"三定"规定的基础上，准确表达行政主体所承担的责任，将各部门的行政职责分解为具体工作事项，落实管理主体，便于问责监督，以便有效解决行政主体不作为、乱作为、相互推诿等问题。

二、权责清单与"三定"规定

"三定"是定职责、定机构、定编制的简称，是政府机构及其工作部门对外履职、对内管理的重要依据，也是其行使权力和履行责任的主要依据。"三定"规定依据相关法律法规和部门规章等，明确部门所具有的职责，对部门承担的主要职责范围、与相关部门的职责关系等作出列举式规定，总体上具

---

① 崔浩，桑建泉. 责任清单制度的建构理念与责任关系[J]. 行政管理改革，2015，4（6）：61-65.
② 盛明科. 政府责任清单制度的法治逻辑与实践路径[J]. 湖南社会科学，2016，4（5）：55-59.

有概括性、原则性的特征。机构编制法定化，包含"机构、职能、权限、程序、责任法定化"，编制的广义界定包含定机构、定编制、定职能三方面，还进一步涵盖了"权限、程序、责任法定化"等方面。

"三定"规定对部门职责表述较为笼统、宏观、粗线条。权责清单采用排列条目式，逐条明确具体所对应的各项要素，行政职权体现多为微观的、细化的和操作层面的。权责清单串起"三定"规定、事项名称、权限责任等要素，是部门"三定"规定的细化实化，在横向上明晰部门间职责边界，在纵向上明晰层级间职责边界，强化事中事后监管和公共服务职能，实现与"三定"规定有机结合、与职能配置紧密呼应。在具体内容方面，"三定"规定涉及职责配置、内设机构、人员编制等要素，权责清单的内容偏重以法定赋予的行政职权来固定单位的相关职责，更多体现单位所需承担的责任与义务。但是行政职权和职责的梳理比较困难，行政职责在法律条文中一般只有原则规定，而行政权力比较具体。在变化调整方面，权责清单需要随时根据法律法规的立改废释情况进行动态调整，重心在于规范履职行为，把权力置于公众和社会的监督之下。

第二节　权责清单制度的基本功能

积极履责和控制公权成为法治政府精神的重要内涵，在新的历史条件下，权责清单制度是法治政府建设的重要内容，是对"怎样科学地管理政府权力"作出的积极回应。

一、基础性数据池的作用

权责清单是对部门职权的大梳理，相当于建立了行政执法、行政收费等各方面权责的数据库，无论是中介服务事项清理、行政许可事项的取消下放、公共服务事项梳理、依申请行政权力事项梳理，还是政务服务网构建等，均依托和参考权责清单，因此权责清单起到基础性数据池的作用。

二、权力行使的公开化

权力在阳光下运行，有利于打造公正、公开、透明、高效的法治政府。

权责清单可以方便群众办事,让群众按图索骥,为滥用权力和不按照程序规则办事的行为提供投诉渠道和处罚尺度,特别是在清单进政务大厅、上网运行方面效果明显。但从全国的总体情况看,清单发挥的作用还有很大拓展空间,在优化办事流程、精简办理环节、减少群众来回奔波、打通服务群众"最后一公里"等方面还需要持续深入。总体来说,权责清单提升了权力监督的可视化和便利性。

三、监督行政权力的规范运行

行政职权设定的同时,责任清单同样清晰明了,权力越大,责任越大,这体现了权责对等原则。权责清单依法设定权力、规范权力、制约权力,在政府网站、部门网站同步公开,做到职权来源清晰、责任清晰。权责清单将部门每一项权力都明明白白列在清单上,便于责任追究,有利于社会监督,防止职权滥用,把权力关进制度的笼子。清单具有"清晰性"和"可视化"等特点,一旦出现不作为、乱作为等现象,能直接追究职权行使人的责任,因此权责清单可以成为强化权力监督制约的有力依据。

四、政府职能的精细化管理

权责清单是权责事项的索引和信息载体,能够直观反映各部门的职能规模和工作量,结合行政权力事项使用的频次、办理时间长度和行权密度等,可以为编制委员会核定部门编制规模和结构提供重要的决策参考。在界定和分解部门职责、规范行政权力行使方面,权责清单对部门职责进行了细化和具体化,切实解决了不同部门、不同层级之间的责任划分问题,明确了每一项行政职权的运行环节和流程,推动了政府职能的精细化管理。在明确责任的基础上,权责清单制度细化了政府系统内部的责任权力,拓展了问责的主体。

五、"放管服"改革的重要抓手

权责清单作为转变政府职能的新抓手,能够进一步深化"放管服"改革。建立权责清单的动态调整和长效管理机制,需要根据政府、市场、社会的边界调整情况,及时完善权责清单制度。从政务服务便民化的角度看,特别是清单进政务大厅，优化了办事流程、精简了办理环节，减少了群众来回奔波的次数。因此，应着重完善并激活权责清单，夯实基础工作，积极探索其在推动政府改革中的作用，促进政府绩效提升，推动治理体系和治理能力现代化。

第三节 权责清单制度建设的基本原则

一、按照"能减则减"的原则，大力精简职权

设立关口，严格对照法律法规，逐条逐项审核行政权力设立的实施依据、实施主体、办理时限、收费标准等内容，对梳理出来的行政职权进行全面分析，大力削减不合法、不合时宜的权力事项，具体分为以下五类权力事项。一是凡没有法定依据的行政职权一律取消；二是各部门原保留的非行政许可审批事项一律取消；三是自行设置的行政职权，包括收费项目等，各部门一律取消；四是国务院、省政府已明确取消的职权事项，市政府部门有对应或类似行政职权的，一律取消；五是各部门变相实施的审批事项，必须一律取消。

二、按照"该放尽放"的原则，推进权力下放

权责清单制度按照"该放尽放"原则，推进权力下放，具体包括以下五方面。一是凡法律法规规章没有明确规定必须由省级部门实施的职权，原则上一律下放市县（区）管理，尤其是直接面对基层群众、法人和其他组织的职权；二是凡国务院、各部委下放的职权事项，除有关法律法规规定必须由省级部门承接的，全部下放市县（区）管理，不得截留；三是对标准制定、统计分析、信息预警、成果评审等行业管理事项，原则上转移给行业组织承担；四是对部门交叉、管理分散的行政权力，尤其是前后环节反复核准、互为前置审查的，进行归并整合；五是对省、市、县（区）共有的行政处罚、行政强制、行政检查等职权，按照行政执法体制改革执法重心下移的要求，除涉及跨市县（区）的重大复杂事项，一律交由市县（区）行使。

三、按照"职权法定"的原则,科学确权制权

为优化权力运行流程,减少内部运转环节,相关部门应规范自由裁量权,压缩权力寻租空间,围绕划清政府、市场与社会的活动边界,对每一项权责事项的名称、类型、依据、行使主体、收费标准和依据、申请材料、办理时限、监督方式等进行科学界定,统一项目编码,确保政府各部门权力界定明晰、公开透明、配置科学。同时,围绕规范行政权力运行,权责清单制度对每一项权力的履职程序进行研究分析,编制行政权力运行流程图,每一个流程图均要细化到申请(举报投诉、登记)、受理、审查、决定、批复(批准、答复)等具体环节。对涉及两个以上部门共同承担的,明确主办与协办关系;对涉及上下层级共同实施的,将明确各层级及相关部门的办理程序、审核要求、办理时限及之间衔接等内容。

四、按照"便民高效"的原则,推进集中办理

对依法清理审核后各部门保留的行政许可职权,统一编制并公布行政审批项目清单,积极推进行政审批的标准化、规范化。按照"能进都进"的原则,扩大进驻地方行政服务中心的行政审批项目范围,凡是能通过服务大厅、便民服务中心办理的事项,全部纳入大厅办理,实行"一个窗口对外,一个机构履职,一枚印章审批"的审批模式,达到"让群众好办事、为群众办好事"的目标要求。同时,纪检监察机关、政府法制办、行政服务中心等部门,应切实加强对部门进驻服务大厅后的日常监管工作,确保进驻行政服务大厅的行政审批项目按照"便民高效"的原则公布运行流程图和对应的责任清单,实现行政行为的依法、透明、廉洁、高效。

第四节 权责清单制度建设的发展

一、权责清单的规范标准不断统一

随着"放管服"改革的不断深入,从中央到地方的政务服务一体化平台

逐步完善，四级审批服务事项从上到下一以贯之。绝大多数事项都存在"同名同姓"或"异名同姓"的特征，但是由于标准口径不同，即使与权责清单中的依申请行政职权依据来源一样，依旧存在较大差异。国务院政务服务网是国家省市县四级一体统一的，而权责清单是中央编办出台实施意见，各省市自主构造实施，这就导致即使同一行政事权，各省份的口径标准也存在差异，这不利于将来全国的联网对接。另外，国务院政务服务网倾向于企业群众、公民法人的办事流程和操作规范，而权责清单倾向于行政权力事项的规范说明和行使准则，二者的目的不一致。今后融合发展是必然趋势，要充分利用大数据载体优势，形成相互融合、相互包含的数据共同体，共享价值。

二、权责清单的覆盖范围进一步拓展

权责清单的内容并不包括所有公权力，而仅仅是具体的行政职权。本研究认为权责清单的外延发展必将会按照"党政军民学、东西南北中"的方针，坚决执行党管一切的总要求，所有公权力的来源必须在党内法规和国家法律法规之内。这既是机构编制法定化的内生动力，也是权责清单全覆盖建设的题中应有之义，更是国家治理体系和治理能力现代化的重要标志之一。

第五节 权责清单制度建设的配套改革跟进

一、法律法规的配套改革跟进实施

将行政职权限定为"根据现有的法律、法规、规章制定的"有所不妥，行政权力应当有法律法规和规章的依据，可以作为清权的依据，但是不应当对行政权的依据作出限定，而应该为调整留出空间。按照全面深化改革的精神，一些法律法规已经不符合当前和今后的经济社会发展需要，如《中国（上海）自由贸易试验区条例（草案）》《社会团体登记管理条例》等与中共中央、国务院《关于地方政府职能转变和机构改革的意见》的部分内容有一些冲突。当前，大部分行政审批事项是由国家法律、行政法规和中央部门政府规章所设定和规定的，取消和下放审批事项的前提是梳理和修订相关法律法规和政府规章，因此上位法如果不及时调整，将影响改革如何进一步深化的问题。

以河南省为例，经过多次清理，河南省现保留的369项省级行政审批项目，基本都具有法律法规依据，属于中央指定地方实施的审批项目有358项，占97%，①地方无权直接取消或下放。这说明清单制度建设工作推进已经抵至法律法规的"天花板"，改进的空间受到一定的限制。

二、政府职能优化的持续调整

优化政府职能不仅包括地方政府职能的有机整合，而且包括加强党对机构改革的全面领导。为实现权责清单的全覆盖，权力清单在内容上不应再局限于行政权力，应该拓展覆盖到党委、政协、人大等各部门，坚持和加强党的全面领导是改革的政治主题，因而应构建适应实现国家治理体系和治理能力现代化的党和国家职能体系。同时，践行以人民为中心的发展思想，加强党组织在同级组织中的领导地位，从机构职能上建立确保党领导一切工作的体制机制，打通党的领导与各方面工作的关系，强化保障党的政治领导地位。

此外，构建优化协同高效的管理体制，以推进机构职能优化协同高效为着力点，坚持优化组织体系；整合相关相近职能，实现职能、流程的再造与职责的有机整合。纵向上，厘清省市县三级政府事权，理顺政府间职责交叉事项，解决改革"拖延症"，避免下改上不改、上推下不动的问题。横向上，一方面进一步厘清政府与市场、社会的关系，减少微观管理事务，强化宏观管理部门战略规划导向的作用，更好地发挥政府的作用，同时厘清政府内部部门间的职责边界，明晰上下不同层级间的职责边界；另一方面着力解决部门整合存在的"合而不并、并而不实、貌合神离"问题，真正理顺工作职责，优化工作流程，促进人员和工作深度融合。精干内设机构，按照职能相近、业务相近的原则，推进大科室制，防止内设机构简单机械叠加、职能重复、工作复合等问题，积极推动部门内部职责和业务整合，以解决市场作用发挥不充分、政事职责边界模糊、行政职能体外循环等突出问题。为改变部门争权推责的状况，在赋予部门专属领域和专属权力之前，应当明确部门应承担的政治责任、行政责任、法律责任等。

---

① 以上数据来源于河南省十二届人大常委会十六次会议。

三、在权责清单的基础上扩展职能清单

权责清单主要是法律、行政法规、地方性法规、规章、规范性文件等合法依据的职能类型,而职能清单将各类红头文件、应急任务的演变、临时性政策的延伸等非规范性职能类型也包括进来,这部分职能属于"惠民生、促经济"领域政府必须承担的责任。权责清单所列的是对公民、法人和法人组织直接产生影响的行政职权,而与老百姓直接或间接相关的职能事项,包括宏观规划、政策、标准的制定,政府内部运行的职能事项等,权责清单都没有办法体现,但这些都是部门的重要职责。职能清单在内容扩充的基础上,将各部门从制定广泛的政策到对日常运行事务管理都囊括进来,进一步强化了各部门面对群众的责任体系。

四、"三定"规定与权责清单的有机衔接深化

放宽基层机构编制调整权限,在一定时期内,市县(区)可在编制总量内,根据经济社会发展的要求,统筹分配编制数量。对于承担职责比较多、任务比较重的部门,应倾斜配置编制人员,保障工作需要;对于职责划出、任务减少的部门,应根据"编随事走"的原则,将编制也随之调整到职责加强的地方。同时,打通各类编制资源统筹使用渠道,统筹规范政法编制、行政编制和事业编制的转换,探索跨区域、跨层级、跨部门编制调整的具体办法;打破编制分配之后地区所有、部门所有、单位所有的模式,将有限的机构编制资源向涉及民生、公共安全、环境保护等重点领域倾斜,实现机构编制资源的有效配置。一个部门使用同一类型的编制更好,有利于相关政策、待遇的衔接。

实现职权清单化、"三定"规定精细化,为政府部门依法履职和配置资源提供依据,从而实现机构编制资源的合理流动,部门之间机构编制资源的优化配置。对因机构改革整合进机关的事业人员,机构编制部门要及时为其转换行政编制,对实在不能解决行政编制的人员,要进行分流。如果靠自然减员短期内不能解决混编问题(一般为两年),可以考虑将机关存在的事业编制和人员,连人带编调整到其他事业单位,或者人编分开,将人员调整到有空缺编制的行政机关或者事业单位。

为防止外部协调内部化，将原先部门间的扯皮变成部门内设机构间的扯皮，因此一类事项原则上由一个部门统筹。新的"三定"规定提出，"坚持一类事项原则上由一个部门统筹、一件事情原则上由一个部门负责"，应将这一改革原则贯穿始终。机构改革允许市县（区）因地制宜设置机构和配置职能，激发基层活力。例如，漯河市改革结合本市特点保留了畜牧局，既允许"一对多"，由一个机构承接多个上级机构的职能，也允许"多对一"，由不同机构承接同一个上级机构的职能，通过机构改革进一步激发干部担当作为。

第三章 地方政府权责清单制度创新和扩散的模式机制

第一节 权责清单制度创新和扩散的模式跟踪

一、权责清单制度的历史实践演进

权责清单制度肇始于 2000 年前后，至今大体可以分为探索阶段、局部试点阶段、全面推广阶段和调整完善阶段。在 20 多年的制度建设发展演进过程中，权责清单制度先后沿着以下实践逻辑展开：一是地方试点经验总结上升到国家意志的过程；二是通过国家意志与政策法规自上而下向全国全面铺开推行阶段的过程。这两个过程是中央和地方积极结合的过程，即鼓励地方积极大胆探索，通过不断打磨政策，在试点政策成熟后上升到国家意志，由国家颁布政策在全国自上而下全面推广实施。这一路径即由地方基层试点创新，经验做法上报得到国家部门高层认可，再进行多点政策实验、具体政策打磨，形成成熟的政策体系，作为可复制易推广的经验，上升到国家意志，然后自上而下地在全国实施。各地政府就政策实施开展了府际学习和经验交流，在学习复制中添加了自主创新，为政策实施留出弹性空间，这是中国特色的政策过程和政策模式。

（一）萌芽起步阶段

地方政府权责清单制度是在行政执法责任制、政务公开、行政审批制度改革等基础上逐步推进的，其严格规范程序，文明公正执法，通过制定和颁布有关行政权力的法律法规，为规范行政权力行为提供执法依据。例如，2000 年颁布的《广东省行政执法责任制条例》，对权力的类型、条件、行使主体、行使程序等内容作出了明确规定，增强了相关人员依法行政的意识和能力，强化了对行政执法的监督。

（二）局部试点阶段

政策试点模式既保证了国家政令的统一，又激发了地方的积极性，有利于形成政策的高成熟度和低试错成本，同时为地方自主探索和创新提供空间。在这一阶段，部分地区开展了有关政府权责清单试点工作，对行政主体的相关行政权力开始系统全面梳理，这一做法在很大程度上为政府权责清单制度的建立提供了有益的经验启示。2005年，河北省政府将邯郸市作为试点，全面对邯郸市政府及其职能部门所有的各项行政职权进行梳理，用编制清单的方式，将两千多项行政权力及相关行使流程图向社会公布，全面实行行政权力公开和透明运行，并接受社会各界的监督。

（三）全面推广阶段

这一阶段是由地方通过多点政策实验，逐步试探和完善政策，将经验上升到国家层面，随后由国家推广自上而下全面实施。北京市西城区、浙江省富阳区、广东省、四川省成都市等不同区域先后进行了制度实验。典型的有2013年北京市西城区政府在网上发布的政府权力清单。该清单绘制了"行政权力流程图"，明晰了职能权限，将权力和责任联系起来，建立了廉政风险防控等级。2014年浙江省将富阳区设为试点，对县级层次的相关行政公权力进行彻底整理，并公布出县级权力的初步权力清单，对行政职权进行缩减，在此基础上设计出权力、责任、负面三张清单，整理出权力运作图，这是全国第一份县级行政权责清单。2014年12月，广东省也公布了相关审批事项通用目录，这份目录是中国的第一张纵向行政权责清单，囊括了省、市、县三级所有的审批事项。国务院各部门在2014年年初时，将当时还保留的审批项目汇总清单方式予以公布，同时也规定每一个部门进行事项审批的最小数值。此次公开的政府权责清单主要是国务院各部门正在实施的各种行政审批事项。

（四）深化完善阶段

随着机构改革的实施和法律法规的调整，政府职能持续优化，权责清单也需及时调整和完善。《深化党和国家机构改革方案》和《中国共产党机构编制工作条例》等改革方案的陆续出台，使得规范和约束履职行为的制度体系不断健全，权责清单的横向覆盖范围与纵向实施层级不断拓展，制度建设重心转变到如何统一行政权力口径标准、如何进一步规范清单形式、权责清单的动态调整以及权责清单同"三定"规定的有机衔接。建设权责一致、运转高效、职权清晰的政府部门职责体系能有效解决政府部门职能越位、缺位、错位等现象，防止政府部门发生不作为、乱作为等行为。党的十九届五中全会提出"全面实行政府权责清单制度"的要求，将党的指导思想融入具体的政府改革实践，为推进依法治国、依法行政和"放管服"改革提供了政治站位和实施的重要保障。

二、权责清单制度建立与发展的现实要求

（一）社会主义市场经济的深入发展对政府服务提出了更高的要求

要使市场在资源配置中起决定性作用和更好地发挥政府作用，就要把握新常态给中国带来的新的发展机遇，贯彻新发展理念、构建新发展格局、推动高质量发展。政府必须落实以人民为中心的发展思想，更新服务理念，提高服务能力，优化服务手段，最大限度激发市场活力。2015 年 3 月，中共中央办公厅、国务院办公厅印发的《关于推行地方各级政府工作部门权力清单制度的指导意见》强调：权力清单制度的设计是以政府职能转变为视角，通过权力清单推动"放管服"改革。

（二）建设法治政府需要政府依法履职和规范政府行政行为

权责清单制度是法治政府的基础性制度，现代政府以"法无授权不可为、法定职责必须为"为依法履职的基本要求。权责清单使行政组织法进一步细化，促进不同层级政府职权职责配置明细化，对散布于具体法律条文之中的政府行政权力进行规范性总结和清单式梳理，促使政府依照法定程序履行行政职权，提升法治政府建设水平。

（三）创设和全面推行权责清单制度是构建廉洁政府、推动政风清明的基本要求

基于构建权力制约和监督体系的需要，政府通过清单式管理将行政权力公开透明化，实现显性权力规范化、隐性权责显性化。权责清单化是一个以实现行政权力"可视化"为目标的制度创新标杆，权责清单为各类内部监督机关发挥作用提供了基础性引导，同时也促进了外部公众监督作用的发挥，实现了行政权力运行的流程化、明细化和监督的清晰化相结合。在这个意义上，权责清单还可以为权力监督提供决策依据，实现权力监督、制约、协调

机制的建立与完善，从而排除监管"盲点"，严把廉政关口。

（四）创设和全面推行权责清单是实现责任政府，规范政府职责关系的重要内容和基本要求

权力清单详细规定了政府行政权力的事项、权限、条件和范围，理顺政府与企业、社会、市场之间的关系，厘清政府内部各部门之间的职能职责关系，有利于解决政府"越位""缺位"和"错位"的问题。政府的职责范畴大于政府的行政权力范畴，责任清单具体化是为解决政府的"缺位"行为和滥用行政权力问题提供追责问责的尺度和依据，助推政府履职尽责，增强行政人员的责任和使命担当意识。

三、权责清单制度的多源流分析

著名政策科学家约翰·W.金登在1976—1979年进行了广泛深入的实证调查，并结合23项案例研究，对政府议程建立这一问题进行了系统的分析，提出了多源流理论。他认为，在整个政策议程建立过程中有问题溪流、政策溪流和政治溪流，这三条溪流的发展和运作是相互独立的，这些分离的溪流在关键的时刻能够汇合，解决办法与问题结合在一起，加上有力的政治力量，政策之窗随之被打开。权责清单制度是具有中国特色、符合中国国情的创新实践，运用多源流理论的分析方法，对厘清权责清单制度的政策演进过程，进一步发展更实用、清晰、规范的权责清单制度具有重要意义。

（一）权责清单制度的问题溪流

1. 权力运行存在灰色空间导致腐败滋生

在权责清单制度实施以前，各部门、各职位的行政权力没有得到有效的公开与规范，导致个别纪律意识淡薄的干部跨越红线，越界或违规行使不属于其范围的权力，并以此进行权钱交易、假公济私等非法勾当换取巨额利益，或以所谓的权力豢养"听其指挥"的部下。这严重危害了中国共产党作为我国领导核心的先进性与纯洁性，损害了党的威望与信誉，阻碍了我国社会主义现代化建设的进程。

2. 权力边界与归属模糊导致部门间拖沓推诿

在权力没有被规整公示前，各行权部门所拥有的公共权力并不明确，权力边界与归属相对模糊。群众出现急需解决的问题时，一些部门间会利用这

种模糊的权力归属"撇清"本应属于其受理的责任,以"本部门没有该权力"的理由"踢皮球",不作为、乱作为现象时有发生。不仅群众问题没有得到有效解决,还损害了部门间的和谐状态。为人民服务是中国共产党的根本宗旨,群众所需没有得到合理有效解决,于公职人员而言就是一种失职,权力归属的不明晰给部分公职人员埋下了懒政、怠政的隐患。

3. 关键事权的保留导致群众所需得不到合理满足

个别上级政府部门为争取所谓的"部门利益",对能够有效解决群众所需的权力进行了保留,反而下放一些与解决群众所需关联度相对较小的权力。这就导致基层部门无法即刻解决群众所需,降低了办事效率,反而让群众"多跑几公里"。无关紧要权力的下放变相增加了基层所需承担的责任与压力,严重打压了基层公职人员的工作积极性。

(二)权责清单制度的政策溪流

首先,权责清单制度的政策制定是以党、政府及各类研究人员为主导的。政府对权责清单制度既有顶层设计又有专项政策设计。在顶层设计层面,中央根据深化改革的任务和法治政府与廉洁政府建设的要求,以及部分地方在推行权力清单与责任清单探索过程中取得的成效,在基本要求、主要任务、组织实施等方面作出了深刻论述。2015 年,中共中央办公厅、国务院办公厅发布《关于推行地方各级政府工作部门权力清单制度的指导意见》。2018 年,中央机构编制委员会办公室发布《中央编办、法制办关于深入推进和完善地方各级政府工作部门权责清单制度的指导意见》,明确提出了推进权责清单标准化规范化、全面实现两单融合等七项重点任务,要求各地持续探索创新、完善制度机制,推动综合应用。

其次,政府决策系统的辅助系统和信息系统发挥了重要作用。相关研究机构、高等院校的研究人员从政治学、公共管理学等不同学科领域,对权责清单制度从不同研究视角与方法进行学理化与规范化论证,通过著作、学术论文、决策咨询报告等形式提出了不同观点与看法。如国内学者从权责清单的系统化、标准化、技治化、法治化和创新化等方向进行研究,通过量化分析或质性分析的方法开展研究,研究主题与内容也在不断深化。

再次,"上下来去"的政策模型与群众路线的政策要求。"上下来去"是基于中国经验的一种政策执行模型,是在结合中国实际的基础上构建的政策执行研究路径。政策制定过程在认识论上是由下到上的过程，政策执行过程是一个由下而上的过程，并且在政策主客体关系上是"从群众中来，到群众中去"，即将群众无序分散的意见集中起来化为系统的意见，又到群众中去做宣传解释化为群众的意见。这样的模型具有十分强大的容纳性与开放性。

最后，公众的诉求表达。在政策溪流中，我国的权力来自人民，因此权力也应服务于人民。公众对权责清单也有一定的诉求，要求政府对权力进行公开，以便接受人民的监督，促进政府更好地行权用权。特别是在许多学者的研究设计中，公众可以就权责清单的公开程度、透明程度、查询的便捷性、满意度等进行意愿表达，政策共同体再通过总结、反思，使权责清单成为政府决策的重要基础，以符合公众的真实需求。

（三）权责清单制度的政治溪流

第一，执政党理念的革新。随着改革开放不断推进，我国的经济得到了飞速发展，GDP 保持增长。部分理想信念不坚定的干部在巨大的利益面前丧失了自我，将权力用在了非法违规的地方，收受了"委托人"赠予的钱财或物品。中国共产党也意识到了腐败的严重性与危害性，在党的十八大报告中提出"要坚持中国特色反腐倡廉道路，坚持标本兼治、综合治理、惩防并举、注重预防方针，全面推进惩治和预防腐败体系建设"。推进预防腐败体系的制度化和法治化一直是中国共产党努力的方向，因此要不断加强党内监督、民主监督、法律监督和舆论监督，让权力在阳光下运行。可以说执政理念的革新变化是权责清单制度发展的根本动力。

第二，公众情绪变化也推动着权责清单制度的发展。随着社会经济的不断发展，人们不仅希望在经济需求上得到满足，还希望在政治上能有一个更加清正廉洁的政府维护自己的利益。但官员贪污枉法案件时有发生，让群众产生了怀疑：政府公共权力运作为什么出了问题？行政人员行使权力是否损害了人民的利益？公共权力是否存在灰色空间？一系列疑问似乎都在指向政府是否合法、合规、合理地行使权力，人民赋予的权力是否又真正地服务于人民，公众民主意识的提高酝酿了这类情绪的产生。

第三，政治推动，市场驱动。中国共产党自建党以来始终坚持以人民为中心的执政理念，推动权责清单制度的建立与发展，有利于贯彻简政放权的改革措施，提升政府公信力与执行力，更好地服务人民群众。同时，我国经济正处于转型关键期，事关民生利益，在形势上倒逼政府在政治体制上进行改革，权责清单制度的推行能释放更大的活力，让民众享受到改革的红利。

四、权责清单制度的聚类分析

（一）现状与特点

目前全国各地方政府部门都已经建立了权责清单制度，并在此基础上建立了相应的动态调整机制，在政府事务管理中实现了网上和纸质材料的同步更新。内容的结构方面，政府部门的清单制定经历了从"权力清单"到"权责清单"的扩展变动和动态调整机制的建立。部分地方政府部门权责清单制定情况（截至 2018 年）如表 3-1 所示。

表 3-1 部分地方政府"权力清单""责任清单"的类型、细分标准、覆盖范围情况

地区	权力清单	覆盖部门	其他权力	数量之比	覆盖范围	责任清单	单列合并	分类方法
北京	2131	65	1136	0.53	省市县区	116	单列	9+x
上海	3393	34	183	0.05	省市县区	19637	单列	非9+x
天津	4654	53	488	0.1	省级或市级	1220	合并	9+x
重庆	3709	53	521	0.14	省级或市级	25644	合并	9+x
河北	3823	52	634	0.17	省级或市级	709	单列	9+x
山西	3090	52	280	0.09	省级或市级	23277	单列	9+x
辽宁	1928	49	459	0.24	省市县区	1100	合并	9+x
吉林	3675	47	502	0.14	省级或市级	581	单列	非9+x
黑龙江	1023	41	63	0.06	省级或市级	3153	单列	非9+x
江苏	4354	56	237	0.54	省市县区	580	单列	9+x
浙江	1973	43	411	0.21	省市县乡	543	单列	9+x
安徽	1335	47	427	0.32	省市县乡	10000	合并	非9+x
福建	6018	49	1450	0.24	省市县区	6232	单列	非9+x
江西	1741	52	506	0.29	省市县区	1492	单列	非9+x
山东	3367	56	537	0.16	省市县区	5	单列	9+x

续表

地区	权力清单	覆盖部门	其他权力	数量之比	覆盖范围	责任清单	单列合并	分类方法
河南	3228	37	615	0.19	省级或市级	3228	单列	9+x
湖北	2638	59	546	0.21	省市县区	5	合并	9+x
湖南	1552	42	288	0.19	省市县区	568	单列	9+x
广东	1078	40	184	0.17	省市县区	/	合并	9+x
海南	2088	41	458	0.22	省级或市级	3968	单列	9+x
四川	4536	48	125	0.03	省市县区	502	单列	非9+x
贵州	2877	48	241	0.08	省级或市级	1439	单列	9+x
云南	6321	44	474	0.07	省市县区	32640	合并	9+x
陕西	2634	46	212	0.08	省市县区	/	合并	9+x
甘肃	1050	47	164	0.16	省级或市级	/	合并	9+x
青海	7488	46	583	0.08	省级或市级	/	合并	9+x
内蒙古	959	38	70	0.07	省级或市级	/	合并	9+x

权责清单制度涉及全国省市县乡等多级地区、地方各级政府工作部门、垂直管理部门、依法承担行政职能的事业单位、设在地方的具有行政职权的机构等。因此，要综合评价全国各个地区权责清单制度的发展状况，还需要了解其他方面的情况。评价一个地区的权责清单制度发展状况的指标有很多，本研究从全国多个地区的政府官方网站中选取了3个最能体现权责清单制度发展水平的地区，并选取了五个指标，具体包括：覆盖部门数量反映覆盖范围、清单覆盖地区反映覆盖范围、其他权力数量与权力清单总体数量之比反映细分标准、责任清单是否单列反映细分标准、权责清单分类方法反映类型。

（二）聚类分析结果

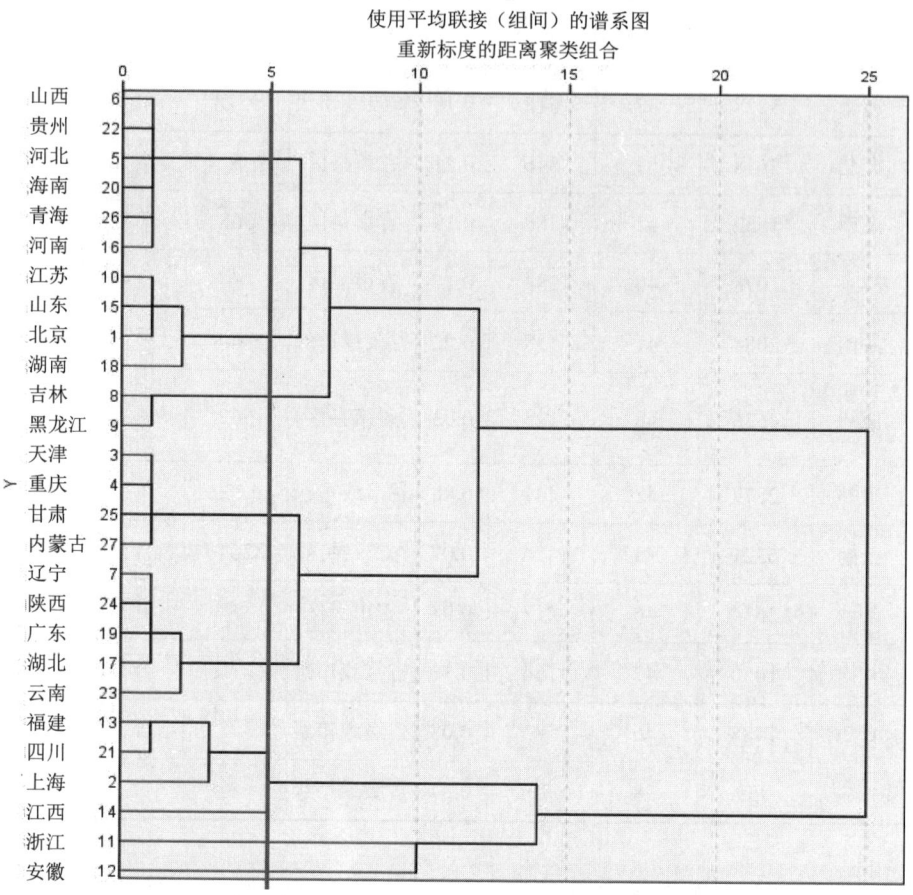

图 3-1 部分地区权责清单现状的谱系聚类图

本研究基于地方政府权责清单制度的类型、细分标准、覆盖范围现状等指标对全国权责清单的现状进行聚类分析，并根据聚类图以阈值为 10，将 27 个样本分为九类，结果如图 3-1 所示。

层次聚类分析结果如下。

第一类：安徽省。

第二类：浙江省。

第三类：江西省。

第四类：上海市、四川省、福建省。
第五类：云南省、湖北省、广东省、陕西省、辽宁省。
第六类：内蒙古自治区、甘肃省、重庆市、天津市。
第七类：黑龙江省、吉林省。
第八类：湖南省、北京市、山东省、江苏省。
第九类：河南省、青海省、海南省、河北省、贵州省、山西省。

（三）结果分析

从谱系聚类图中可以清晰地看出，聚类分析的结果将各地区划分成了九类。

在第一类和第二类中，权责清单发展最为突出的两个地区安徽省和浙江省被单独区分出来。其中，浙江省早在2014年就在省政务服务网上公布省市县三级地区权责清单，可以明显看出，安徽省和浙江省也是当中仅有的覆盖了省市县乡四级地区的省份。不同的是，浙江省权责清单的细分标准是责任清单单列的模式，而安徽省则是两个清单合一的模式；同时，浙江省权责清单是按照9+x的类型进行分类，安徽省不是这个分类，但是依然可以很明显地看出，这两个地区权责清单制度和其他地区的发展水平相异。

第三类只有一个江西省，主要原因是江西省其他权力与权力清单总体数量的比值是0.29，不仅远高于均值，也远远高于其他大部分地区。这样的细分标准是否科学，依然是目前学界不断热议的一个焦点。

第四类由上海市、四川省和福建省3个地区组成。首先，3个地区都实现了省市县区的三级地区权责清单覆盖；其他权力与权力清单总体数量的比值分别是0.05、0.03和0.24，都远低于均值，列于27个地区之末，可以看出在细分标准方面3个地区是基本一致的；同时3个地区都选用了9+x的分类模型，使3个地区的权责清单类型趋于统一。

第五类由云南省、湖北省、广东省、陕西省、辽宁省5个地区组成。在这一类中，覆盖的部门数量基本大于均值，也完成了省市县区的三级地区覆盖；其他权力与权力清单总体数量的比值基本维持在均值水平，且全部是权力清单与责任清单合一的模式；在权责清单的类型方面，则是清一色的9+x分类。

第六类由内蒙古自治区、甘肃省、重庆市、天津市组成。这一类与第五类地区唯一的不同就是覆盖范围，第五类地区实现了省市县区的三级地区覆盖，而这一类地区却仅仅实现了省市两级地区的覆盖，可以看出与第五类具有明显差距。

第七类只有黑龙江省和吉林省两个地区。这一类地区和第六类地区一样，只覆盖了省级和市级两个地区，覆盖的部门也都接近均值；其他权力与权力清单总体数量的比值分别为 0.06 和 0.14，但是与第五类和第六类地区不同的地方就在于第七类的两个地区的权力清单和责任清单是分别单独列出的，权责清单也不是以 9+x 的形式进行分类的。

第八类有湖南省、北京市、山东省、江苏省 4 个地区，这 4 个地区的权责清单制度都完成了省市县区三级地区覆盖，且都是权力清单与责任清单分列的模式，分类的方法都是 9+x 的方式。而在第九类中，河南省、青海省、海南省、河北省、贵州省、山西省这 6 个地区与第八类唯一的不同之处就是，这 6 个地区都没有按照 9+x 的方式对权责清单进行分类。九个分类的具体情况如表 3-2 所示。

表 3-2 部分地方政府权责清单聚类分析结果与其类型、分类标准、覆盖范围

分类	地区	类型	分类标准		覆盖范围	
			单列合并	数量之比	覆盖部门	覆盖地区
第一分类	安徽	非 9+x	合并	0.36	49	四级
第二分类	浙江	9+x	单列	0.21	43	四级
第三分类	江西	非 9+x	单列	0.65	33	三级
第四分类	上海、四川、福建	非 9+x	1 单 2 合	0.04	42	三级
第五分类	云南、湖北、广东、陕西、辽宁	9+x	合并	0.17	51	三级
第六分类	内蒙古、甘肃、重庆、天津	9+x	合并	0.13	48	两级
第七分类	黑龙江、吉林	非 9+x	单列	0.09	46	两级
第八分类	湖南、北京、山东、江苏	9+x	单列	0.24	51	三级
第九分类	河南、青海、海南、河北、贵州、山西	非 9+x	单列	0.15	46	三级

五、横向比较权责分列与权责合一模式的特点

(一)浙江模式与安徽模式的现状分析

国内权责清单制度建设最好的两个地区浙江省和安徽省,作为聚类分析的第一类和第二类地区,其最大区别就是责任清单与权力清单的关系是不同的。安徽省的模式是一张清单中写出来责任范围和追责情形两方面,这两方面同时进行;浙江省是分立清单的模式,共有行政权力清单和部门责任清单这两个清单,两个清单分别呈现。

浙江省权责清单分列,将权责清单作为重点领域信息公开的内容,"四单一网"模式权责主体是政府职能部门和职权类型(如行政许可和行政处罚等),按部门和类别进行划分,有明确的权力实施主体,层次分明,事实依据全面,并且附有流程图,简洁明了。例如,中直部门在浙权力清单征求意见稿,细节上分为省级保留、属地管理、共性权力、审核转报,清单上明确列出部门服务和服务清单,便于查找。权责清单页面有权责清单调整情况,可以按照权力类型、业务部门和时间段进行查询,方便快捷;部门服务和服务清单分别列出,并且有好差评模块,群众通过好差评来对政务服务进行评价,便于政府及时收到群众反馈,推动政务服务按期整改。

安徽省权责清单合一,有明确的权力类别和权力实施主体,每一项清单都标注有实施依据,且附有流程图。安徽省权责清单主分类是政府职能部门和职权类型(行政许可和行政处罚等),对潜在廉政风险的形式、等级、防控措施以及责任人进行定义;同时设置了廉政风险点模块,对潜在廉政风险的形式、等级、防控措施以及责任人进行定义。清单新增加好差评、效能监督阳关政务,左侧有"四送一服"企业问题反映渠道,群众可通过"一网问"和"互联网+"督查来进行监督和提出建议。

安徽省和浙江省的模式并没有存在孰优孰劣,两个省分别拥有各自的优缺点,表3-3呈现了浙江模式与安徽模式的现状。

表 3-3　浙江模式与安徽模式的对比

类别	浙江模式	安徽模式
典型特征	独立型工作职责模式	联单型责任追究模式
内容侧重点	描述工作职责及协同责任	行政过错责任追究
呈现形式	独立形成	联单形成
具体内容	"主要职责""与相关部门的职责边界""事中事后监管制度""公共服务事项"等模块	"责任事项""追责情形"等模块
载体方面	重视公开	更强调集约化和共享性
优点	对政府部门的主要职责有规定和描述，可以很快形成责任清单；独立形成，更能体现中央的要求	形成责任清单时需要各方形成共识；联单形成，与权力清单的衔接配套较好
缺点	形成后操作性、执行性不强；需要处理好与权力清单的衔接配套问题	形成后有一定的操作性和执行性；责任清单的独立性不够；政府行政责任的明细范畴有待补充

（二）浙江模式与安徽模式的数据对比分析

对浙江省与安徽省的权责清单文件进行词频分析，得到结果如表 3-4 所示。

表 3-4　浙江模式与安徽模式的词频对比

IDF 排名	浙江			安徽		
	词语	词性	词频	词语	词性	词频
1	规定	动词	261	行政审批	名词	215
2	单位	名词	241	单位	名词	171
3	备案	动词	155	规定	动词	147
4	许可	动词	138	确认	动词	133
5	机构	名词	130	省级	名词	113
6	违反	动词	124	行为	名词	131
7	审批	动词	108	企业	名词	154
8	船舶	名词	92	机构	名词	114
9	企业	名词	128	备案	动词	109

续表

IDF 排名	浙江			安徽		
	词语	词性	词频	词语	词性	词频
10	监督检查	名词	72	审批	动词	96
11	擅自	副词	77	许可证	名词	106
12	使用	动词	99	登记	动词	105
13	交通建设	名词	52	审核	动词	99
14	按照	动词	87	许可	动词	97
15	建设工程	名词	73	项目	名词	101
16	从事	动词	82	违反	动词	88
17	进行	动词	84	变更	动词	68
18	人员	名词	83	擅自	副词	61
19	登记	动词	78	吊销	动词	46
20	安全生产	名词	62	核准	动词	53
21	变更	动词	62	资质	名词	59
22	许可证	名词	66	从事	动词	68
23	取得	动词	66	范围	名词	68
24	未经	名词	65	使用	动词	72
25	设施	名词	64	批准	动词	65
26	交通	名词	65	审查	动词	55
27	行为	名词	63	序号	名词	53
28	设立	动词	60	人员	名词	64
29	建设项目	名词	47	设施	名词	62
30	人防	名词	35	名称	名词	62
31	事故	名词	56	高速公路	名词	53
32	资质	名词	46	国家	名词	64
33	生猪	名词	34	安全生产	名词	48
34	提供	动词	59	设立	动词	58
35	批准	动词	51	认定	动词	56
36	证书	名词	50	取得	动词	55
37	其他	代词	52	广告	名词	58
38	认定	动词	47	进行	动词	54

续表

IDF 排名	浙江			安徽		
	词语	词性	词频	词语	词性	词频
39	伪造	动词	32	未经	名词	52
40	招标人	名词	23	征收	动词	40
41	核准	动词	32	公路	名词	51
42	相关	动词	49	类型	名词	51
43	国家	名词	48	按照	动词	49
44	组织	动词	43	证书	名词	49
45	核发	动词	26	责令	动词	33
46	情况	名词	41	转报	动词	21
47	弄虚作假	成语	25	超限	动词	26
48	建设单位	名词	24	产品	名词	54
49	放射性	名词	25	设备	名词	47
50	报告	名词	40	监督检查	名词	30

利用360热度分析对浙江省与安徽省权责清单的热度进行对比，得到结果如图3-2所示。首先可以清晰地看出，安徽省权责清单发展的热度均值比浙江省高出了一个点。其次可以发现，安徽省权责清单热度的峰值第一次出现大致在2015年初，安徽省于2014年在全国第一次公示了省级政府的权力清单和责任清单，第一次明显的峰值正是出现在这个时间；第二次也是最为明显的峰值出现在2017年上半年，在这半年安徽省市县乡四级地区的权责清单制度发展快速，并在此基础上逐步加强和完善权责清单平台，安徽省的权责清单建设已经走在了全国前列。而浙江省权责清单热度的峰值出现的时间比较早，基本位于2014年3月首次出现"权力清单"这一概念以后，2014年6月25日，浙江政务服务网上线，浙江省的42个省级部门权力清单上的行政权力第一次被公布在网上，因此浙江省成为全国第一个在网络中完整晒出省级部门权力清单的地区。

同时将安徽省和浙江省的综合得分与因子表现进行对比，可以清晰地看出，浙江省县域权责清单的发展综合得分要明显好于安徽省，浙江省的县域权责清单发展主要是靠 F1 流程因子来拉动，而安徽省县域权责清单的发展则主要靠 F2 完善因子来拉动。这说明了浙江省县域权责清单有相对完善的流程，对于民众来讲是十分方便可行的清单；安徽省的县域权责清单整体发展不如浙江省，但是在权责清单设置的完善性方面表现尚可，有明晰的监督方式和清单编码。如表 3-5 所示。

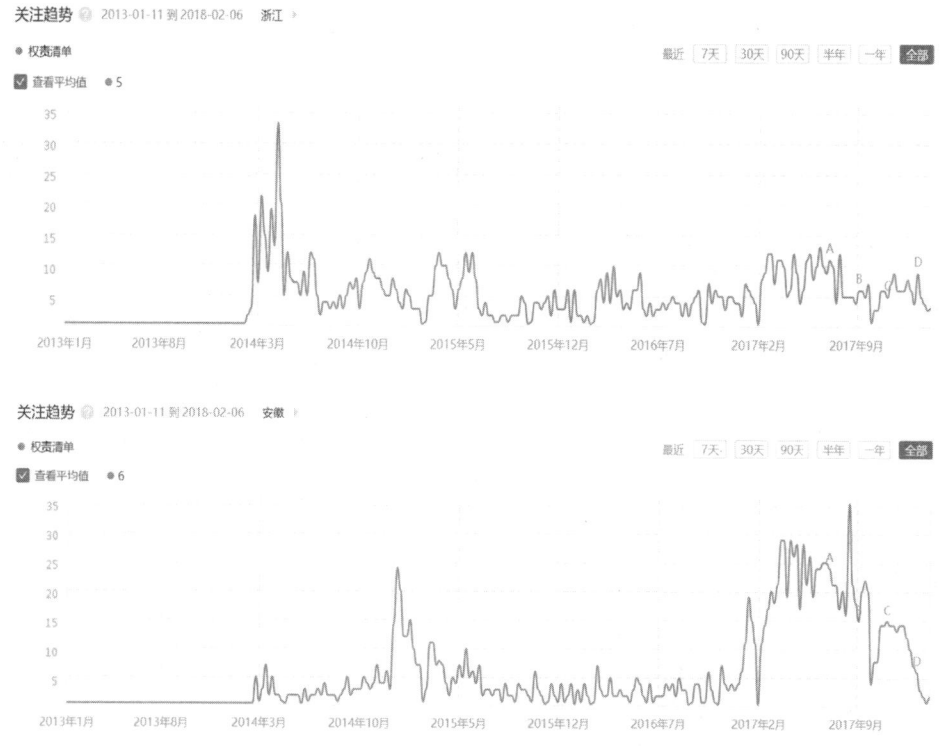

图 3-2　浙江省与安徽省权责清单的热度对比

表 3-5　浙江模式与安徽模式的县域因子分析对比

省份	县/区	F1	F2	score
浙江	苍南县	1.27	0.67	1.04
安徽	无为市（县级市）	-1.84	1.89	-0.44

（三）浙江模式与安徽模式的优缺点分析

表3-6 浙江模式与安徽模式的优缺点对比

模式	优点	缺点
浙江模式	浙江省清单模式体现出权责独立的特征。在相关的地方实践中，浙江是首个省市县三级统筹设计、梯次推进权责清单制度的省份，在实施过程中为全国权责清单制度建设积累了有益经验。浙江省政府在全国率先建成"四张清单一张网"，共梳理出38个部门的790条主要职责，明确了各个部门的权责边界，减少了群众投诉无门现象的发生	（1）在清单中权力和责任衔接的部分，两张清单分列的同时意味着两者内容上的分散和不相对应的问题，在浙江省清单中可以看到两张清单无论是在数量上还是在种类上都无法做到权责一一对应 （2）在责任内容上视角较大，统筹各部门主要职责，具体责任事项和追责方式在情形上并没有体现
安徽模式	安徽省清单制度最大化地显示出权责一致。对于所有公示出来的保留权力事项，都各自写出了很多相对应的追责情形、法律依据以及责任事项。在这种方法下，权力与责任是相对照的，会详细解说到每一项，责任追究与权力享有会比之前更加清楚明白。之前对于涉嫌违法违规的行政行为处理模糊不清，会经常出现从一个部门推脱到另一个部门的情况。现如今把责任与权力进行对照以后，对于责任的追究基本实现依据具体权力找责任，极大改善了行政管理部门之间的这种现象，有利于推动政府管理方式的转变，增强部门的服务意识	（1）部门的责任界限划分模糊。安徽省没有对部门的责任界限做出较为详细的划分，导致责任清单中产生部门责任交叉，这是责任清单科学性不足的表现之一 （2）整合分类不够细致，权力事项具体分类不够合理，权力保留事项标准不够统一，监管体系仍不健全

在各地权责清单制度的探索中，目前存在两种典型代表模式，以浙江省为代表的"权力清单与责任清单分列"模式与以安徽省为代表的"权力清单与责任清单合一"模式，而且责任清单的范畴也存在差异，有的侧重行政职责，有的侧重追责。（如表3-6所示）在权责清单的涵盖范围上，多数是政府

工作部门、部门管理机构、派出机构,具有行政主体资格并依法承担行政职能的政府直属事业单位及部门所属事业单位,有的地方把列入党委工作序列的部门等也包括在内。在权责清单实施的纵向层级上,多数省份按照国家要求实施省市县三个层级。比如,浙江省、重庆市等实施了省市县乡村五级联动;上海市浦东新区在清单覆盖区级部门和区属开发区管委会基础上,拓展至街道、镇以及法律法规授权的具有管理公共事务职能的组织。

六、跟进比较权责清单"两单分列"与"两单合一"模式

浙江模式的"两单分列"与安徽模式的"两单合一"的跟进对比如表3-7所示。

表3-7　浙江模式与安徽模式的跟进对比

模式	跟进地区	创新向度	特点	效应
安徽模式	湖北省	一库四平台	行政职权目录库,行政职权运行平台,政务服务平台,法制监督平台,电子监察平台	透明公开、建立行政职权运行平台
浙江模式	江苏省	(1)率先在全国完成了权力清单标准化工作 (2)依托"江苏政务服务网"建设云服务平台	(1)省市县三级的权责名称、类型、依据、编码相统一,明确省市县的层级分工,压缩自由裁量权 (2)整合现有资源,加强与政府部门门户网站、数据库的对接整合,推进电脑端服务向移动端、自助终端等延伸,实现审批、监管、执法、服务等全程留痕	(1)实现了市县权责清单数量、名称、类别的统一,有效解决了审批过程中"一长四多"问题,实现审批全链条各事项统一规范 (2)初步解决了政府部门"信息孤岛"问题,所有权力将在全省"互联网+政务服务"一张网平台上统一运行
	上海市	"去中心化"	公共服务层面上模拟使用场景,把用户体验视为重点,把政府权责清单变成老百姓的办事清单,实实在在增加了老百姓的获得感	加快有效制度供给,确立符合上海定位的规则体系,重塑上海政务文明,最终向国家输出标准、流程与规范,提供"互联网+政务服务"的上海方案

七、权责清单制度类型的差异性分析

（一）权责清单细分标准及数目存在差异

权责清单制度有"三单一网""四单一网""五单一网"等不同的形式，如浙江省实施"四张清单一张网"，即政府权力清单、责任清单、企业投资负面清单、省级部门专项资金管理清单以及政务服务网；郑州市实施"五单一网"，即政府权责清单、行政审批事项清单、企业投资项目管理负面清单、行政事业性收费清单、政府性基金清单以及政务服务网。

（二）行政权力与责任的分类存在差异

上海市将行政权力分为行政审批、行政处罚、行政强制等18类，责任清单强调行政责任，分为部门主要职责、行政协同责任、事中事后监管制度、重点行业重点领域监管措施、公共服务导航等5个模块，其中将领导决策失误纳入追责范围。浙江省将行政权力分为9类，权力清单与责任清单分列，责任清单侧重行政职责。安徽省将行政权力分为10类，责任清单与权力清单合一，责任清单侧重追责。河南省将行政权力分为7个类别。

（三）行政权力的数量存在差异

各地实践中有的地方分类比较具体，有的地方分类比较笼统，相应地同级别行政主体权力清单中列出的权力数量相差甚远。比如，安徽省所列省级政府权力事项1712项，浙江省所列省级政府行政权力4236项。同一省份不同地市的行政职权数量差异也较大。以河南省为例，安阳市梳理行政职权2484项，焦作市梳理行政职权5100余项，三门峡市梳理行政职权4041项，新乡市梳理行政职权5429项。

第二节 权责清单制度创新和扩散的机制跟踪

一、权责清单制度创新和扩散的机制

现如今权责清单走向了全面统一规范调整阶段。目前，中国权责清单与网络深度融合，应用场景得到拓展，表现形式为政务审批服务网、政务服务办公网、"互联网+电子政务"新型方式与"行政审批电子监察系统"。"互联网+"这一模式被更多地使用,通过这些方式能把政府及其所属部门相关列表清单中的公共行政权力向全社会展露。从这方面来看,这些高科技方式对政府来说就是一种全新的体验。

二、不同省份政府权责清单制度的创新性与滞后性

(一)样本与变量分析

本研究数据来源于 31 个地区的政府官方网站、网上办事大厅与政务服务中心以及 360 指数,包含了翔实的权责清单数据。根据《关于推行地方各级政府工作部门权力清单制度的指导意见》(后称《意见》)中各项要求,以及本研究的研究目标,课题组选择了 13 个可能会影响地区权责清单发展状况的指标进行全面分析。这些指标包括:各地区权责清单的形式,根据权责清单的依据、主体、流程和责任进行赋值;权责清单的范围,根据权责清单是否覆盖地方各级政府工作部门、依法承担行政职能的事业单位和垂直管理部门设在地方的具有行政职权的机构进行赋值;权责清单是否具有设定依据,进行 01 赋值;权责清单是否包含有效的事中事后监管,进行 01 赋值;权责清单是否依照相关法律法规进行编写,进行 01 赋值;权责清单的流程图是否涵盖该项权力的承办机构、办理要求和办理时限,进行赋值;权责清单的公布质量,按照每项职权的名称、编码、类型、依据、行使主体、流程图和监督方式进行赋值;权责清单是否具有动态调整和长效管理机制,进行 01 赋值;责任清单是否有指定的责任主体与问责机制,进行 01 赋值;权责清单是否有完整的监督机制,进行 01 赋值;权责清单是否有完整的工作方案,进行 01 赋值;权责清单的统筹推进,按照其覆盖地区级别进行赋值;民众的切身感受,按照 360 指数当中各个地区权责清单的指数平均值进行赋值,按照权责清单公布的时间分类。(见表 3-8)。本研究考察的主要是这 13 个变量对不同地区权责清单发展的影响程度。

表 3-8 31 个地区权责清单发展状况

年份	地区	清单形式	设定依据	事中事后监管	依照法律	流程图	清单公布质量	责任清单	工作方案	监督机制	清单范围	动态调整和长效管理机制	统筹推进	民众切身感受
2014	安徽省	4.0	1	1	1	4	6.0	1	1	1	2	1	4	6
	浙江省	4.0	1	1	1	4	6.0	1	1	1	2	1	4	5
	山东省	3.0	1	1	1	0	5.0	1	1	1	2	1	3	7
	广东省	2.0	1	0	1	0	4.0	1	0	0	1	0	3	4
	吉林省	3.0	1	1	1	0	6.0	1	1	1	1	1	3	2
	辽宁省	3.0	1	1	1	0	4.0	1	1	1	1	0	3	2
2015	上海市	2.0	0	0	0	0	3.0	1	0	0	1	0	4	2
	江西省	3.0	1	0	1	0	4.0	1	1	0	1	0	3	2
	福建省	3.0	1	0	1	0	5.0	1	1	0	1	0	3	2
	海南省	4.0	1	0	1	4	5.5	1	1	0	1	0	3	1
	广西壮族自治区	4.0	1	1	1	4	6.0	1	1	0	1	1	3	3
	河北省	3.0	1	0	1	0	5.0	1	0	0	1	0	3	3
	天津市	4.0	1	1	1	4	7.0	1	1	1	1	1	4	1
	北京市	3.5	1	1	1	4	6.5	1	0	1	3	1	4	4
	山西省	3.0	1	0	1	0	5.0	1	1	0	3	0	3	5
	湖南省	3.0	1	0	1	0	3.0	1	0	0	1	0	3	3
	湖北省	4.0	1	1	1	4	6.0	1	1	1	1	0	2	—
	陕西省	4.0	1	0	1	4	6.0	1	0	0	2	0	2	3
	青海省	3.5	1	0	1	4	6.5	1	0	0	2	0	3	1
	甘肃省	4.0	1	1	1	4	6.0	1	0	0	1	1	3	2
	宁夏回族自治区	3.0	1	0	1	3	6.0	0	0	0	2	0	3	1
	四川省	4.0	1	0	1	2	6.0	1	0	0	2	0	3	4
	云南省	3.0	1	1	1	0	6.0	1	0	0	2	0	3	5
	贵州省	4.0	1	1	1	4	7.0	1	0	0	2	0	3	3
	重庆市	4.0	1	0	1	3	6.0	1	0	0	2	0	4	2
	黑龙江省	4.0	1	0	1	4	7.0	1	0	0	1	0	2	—
2016	内蒙古自治区	3.0	1	1	1	0	5.0	1	1	1	1	0	2	3
	西藏自治区	3.0	1	1	1	0	6.0	1	0	0	1	0	3	1
	河南省	3.0	1	0	1	0	4.0	1	0	0	2	0	3	4
	新疆维吾尔自治区	3.0	1	1	1	0	6.0	1	1	0	2	0	3	2

将 31 个地区权责清单的发展空间和发展时间进行对比，可以清晰地看到，我国权责清单的发展具有一定的时间滞后性和空间滞后性。如表 3-9 所示。

表 3-9　31 个地区权责清单时空滞后性的体现

年份	华东	华南	华北	华中	西北	西南	东北
2014	浙江省、江苏省、安徽省、山东省	广东省	—	—	—	—	辽宁省、吉林省
2015	上海市、福建省、江西省	海南省、广西壮族自治区	天津市、河北省、北京市、山西省	湖南省、湖北省	陕西省、青海省、甘肃省、宁夏回族自治区	四川省、云南省、贵州省、重庆市	黑龙江省
2016	—	—	内蒙古自治区	河南省	新疆维吾尔自治区	西藏自治区	—

（二）因子分析结果

1. 因子分析的相关检验

因子分析的相关检验见表 3-10。

表 3-10　KMO 和巴特利特球形检验

KMO 和巴特利特检验		
KMO 取样适切性量数		0.541
巴特利特球形度检验	近似卡方	25.202
	自由度	10
	显著性	0.005

表 3-11 给出了公因子方差，可见大部分变量的相似程度都超过 80%，因

此按照所选择的数据提取的这几个公因子对各变量的解释能力是十分具有说服力的。

表 3-11 公因子方差

序号	指标	初始	提取
1	清单形式	1.000	0.769
2	设定依据	1.000	0.933
3	事中事后监管	1.000	0.569
4	依照法律法规	1.000	0.933
5	流程图	1.000	0.860
6	清单公布质量	1.000	0.810
7	责任清单	1.000	0.244
8	工作方案	1.000	0.676
9	监督机制	1.000	0.750
10	清单范围	1.000	0.828
11	动态调整和长效管理机制	1.000	0.825
12	统筹推进	1.000	0.637
13	民众切身感受	1.000	0.882

2. 提取方法：主成分分析

如图 3-3 所示，按特征根从大到小依次排列因子，可以直接观察到最主要的因子。前四个因子的分布区域位于陡坡上，后面其他几个因子形成了平台，且显现的特征根均小于 1，因此可以看出最后只需要考虑前四个公因子即可。

由表 3-12 可知，对各变量进行标准化以后可得如下结果。

$Z_{X1}=0.785F_1-0.247F_2-0.282F_3-0.103F_4+\varepsilon_1$

$Z_{X2}=0.578F_1-0.565F_2+0.504F_3-0.146F_4+\varepsilon_2$

$Z_{X3}=0.663F_1+0.326F_2+0.125F_3-0.019F_4+\varepsilon_3$

$Z_{X4}=0.578F_1-0.565F_2+0.504F_3-0.146F_4+\varepsilon_4$

其中，ε_i 表示特殊因子，在这些因素中除去四个公因子，影响该变量的其他要素对这个变量的影响程度为 1 的变量共同度。

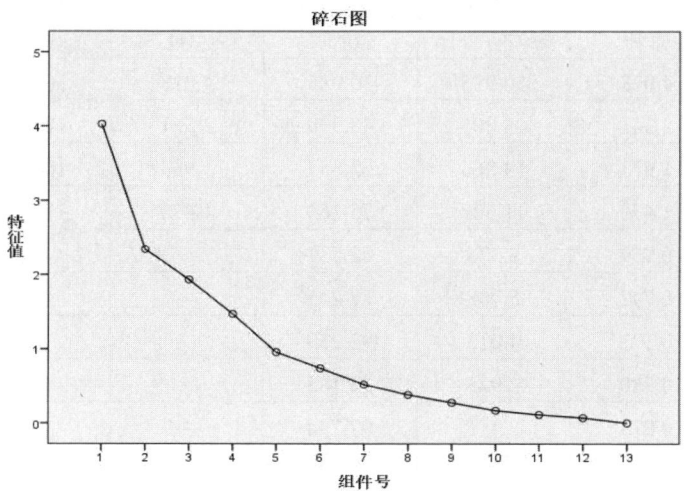

图 3-3　碎石图

表 3-13 给出了各成分的方差贡献率和累计贡献率，第一主成分的方差占所有成分方差的 30.985%，前四个主成分的累计方差贡献率达到 75.164%。因此，选取前面四个主因素就足以描述出权责清单发展的水平。

表 3-12　成分矩阵

序号	指标	成分			
		1	2	3	4
1	Zscore（清单形式）	0.785	−0.247	−0.282	−0.103
2	Zscore（设定依据）	0.578	−0.565	0.504	−0.146
3	Zscore（事中事后监管）	0.663	0.326	0.125	−0.019
4	Zscore（依照法律法规）	0.578	−0.565	0.504	−0.146
5	Zscore（流程图）	0.682	−0.161	−0.612	−0.071
6	Zscore（清单公布质量）	0.771	−0.338	−0.289	−0.066
7	Zscore（责任清单）	0.089	0.344	0.312	0.156
8	Zscore（工作方案）	0.431	0.474	0.436	−0.277
9	Zscore（监督机制）	0.556	0.611	0.270	−0.033
10	Zscore（清单范围）	0.288	−0.387	−0.170	0.755
11	Zscore（动态调整和长效管理机制）	0.738	0.513	−0.036	0.121
12	Zscore（统筹推进）	0.277	0.505	−0.592	0.057
13	Zscore（民众切身感受）	0.194	0.097	0.361	0.847

注：提取方法为主成分分析法。提取 4 个成分。

表 3-13 解释的总方差

序号	初始特征值			提取载荷平方和		
	总计	方差百分比	累积%	总计	方差百分比	累积%
1	4.028	30.985	30.985	4.028	30.985	30.985
2	2.341	18.005	48.990	2.341	18.005	48.990
3	1.933	14.866	63.855	1.933	14.866	63.855
4	1.470	11.309	75.164	1.470	11.309	75.164
5	0.959	7.373	82.537	—	—	—
6	0.742	5.708	88.245	—	—	—
7	0.522	4.013	92.259	—	—	—
8	0.380	2.925	95.183	—	—	—
9	0.274	2.111	97.294	—	—	—
10	0.169	1.298	98.592	—	—	—
11	0.112	0.864	99.456	—	—	—
12	0.071	0.544	100.000	—	—	—
13	5.551E-17	4.270E-16	100.000	—	—	—

注：提取方法为主成分分析法。

本研究采用方差最大正交旋转的因子旋转方法，旋转后的因子载荷矩阵如表 3-14 所示。由表中可以看出，第一公因子在 X1、X2、X3、X4、X5、X6、X8、X9、X11 有较大载荷，主要从清单形式、设定依据、事中事后监管、依照法律法规、流程图、清单公布质量、工作方案、监督机制、动态调整和长效管理机制方面反映权责清单发展状况，被命名为总量因子；第二公因子在 X9 和 X11 上有较大载荷，从监督机制、动态调整和长效管理机制方面反映权责清单发展状况，被命名为监管因子；第三公因子在 X2 和 X4 上有较大载荷，从设定依据和依照法律法规方面反映权责清单发展状况，被命名为依据因子；第四公因子在 X10 和 X13 上有较大载荷，从清单范围和民众切身感受方面反映权责清单发展状况，被命名为影响力因子。

表 3-14 旋转因子载荷矩阵

序号	指标	成分			
		1	2	3	4
1	Zscore（清单形式）	0.826	0.159	0.241	0.034
2	Zscore（设定依据）	0.271	0.129	0.913	0.069
3	Zscore（事中事后监管）	0.336	0.661	0.092	0.062
4	Zscore（依照法律法规）	0.271	0.129	0.913	0.069
5	Zscore（流程图）	0.930	0.028	-0.075	0.007
6	Zscore（清单公布质量）	0.839	0.081	0.282	0.078
7	Zscore（责任清单）	-0.227	0.416	-0.012	0.152
8	Zscore（工作方案）	-0.039	0.771	0.184	-0.218
9	Zscore（监督机制）	0.098	0.864	-0.023	0.008
10	Zscore（清单范围）	0.339	-0.215	0.075	0.816
11	Zscore（动态调整和长效管理机制）	0.431	0.768	-0.139	0.172
12	Zscore（统筹推进）	0.441	0.281	-0.642	-0.016
13	Zscore（民众切身感受）	-0.187	0.288	0.075	0.878

注：提取方法为主成分分析法。旋转方法为凯撒正态化最大方差法。旋转在 5 次迭代后已收敛。

由表 3-15 成分得分系数矩阵可得各公因子的表达式：

$F_1=0.267Zx_1+0.015Zx_2+0.049Zx_3+0.015Zx_4+0.343Zx_5+0.247Zx_6-0.130Zx_7-0.091Zx_8-0.046Zx_9+0.097Zx_{10}+0.085Zx_{11}+0.183Zx_{12}-0.147Zx_{13}$

$F_2=-0.021Zx_1+0.016Zx_2+0.220Zx_3+0.016Zx_4-0.078Zx_5-0.053Zx_6+0.178Zx_7+0.3041Zx_8+0.323Zx_9-0.135Zx_{10}+0.251Zx_{11}+0.070Zx_{12}+0.107Zx_{13}$

$F_3=0.046Zx_1+0.395Zx_2+0.010Zx_3+0.395Zx_4-0.105Zx_5-0.062Zx_6+0.001Zx_7+0.0941Zx_8-0.024Zx_9-0.033Zx_{10}+0.110Zx_{11}-0.329Zx_{12}$

$F_4=-0.037Zx_1-0.019Zx_2+0.003Zx_3-0.019Zx_4-0.040Zx_5-0.008Zx_6+0.103Zx_7-0.1701Zx_8-0.019Zx_9+0.525Zx_{10}+0.081Zx_{11}-0.006Zx_{12}+0.581Zx_{13}$

表 3-15 成分得分系数矩阵

序号	指标	成分			
		1	2	3	4
1	Zscore（清单形式）	0.267	−0.021	0.046	−0.037
2	Zscore（设定依据）	0.015	0.016	0.395	−0.019
3	Zscore（事中事后监管）	0.049	0.220	0.010	0.003
4	Zscore（依照法律法规）	0.015	0.016	0.395	−0.019
5	Zscore（流程图）	0.343	−0.078	−0.105	−0.040
6	Zscore（清单公布质量）	0.274	−0.053	0.062	−0.008
7	Zscore（责任清单）	−0.130	0.178	0.001	0.103
8	Zscore（工作方案）	−0.091	0.304	0.094	−0.170
9	Zscore（监督机制）	−0.046	0.323	−0.024	−0.019
10	Zscore（清单范围）	0.097	−0.135	−0.033	0.525
11	Zscore（动态调整和长效管理机制）	0.085	0.251	−0.110	0.081
12	Zscore（统筹推进）	0.183	0.070	−0.329	−0.006
13	Zscore（民众切身感受）	−0.147	0.107	0.000	0.581

注：提取方法为主成分分析法。旋转方法为凯撒正态化最大方差法。组件得分。

最终得到的 F_1—F_4 的值如表 3-16 所示，按照各公因子对应的方差贡献比例为权重计算综合得分并进行排名。

山东省综合得分最高，其四个公因子表现都不错，但影响力因子表现尤为突出；排名第二的安徽省总量因子和影响力因子表现都很突出；浙江省主要是靠总量因子在拉动；北京市的依据因子拉低了其他三个因子的综合得分；吉林省则靠监管因子拉高了综合得分。

表 3-16　部分地区综合排序

地区	FAC1_1	FAC2_1	FAC3_1	FAC4_1	得分
山东省	0.61810	1.10050	1.41214	1.77955	1.07
安徽省	1.55074	0.96046	-0.22674	1.22070	1.01
浙江省	1.52062	0.93462	-0.34365	0.86040	0.91
北京市	1.31761	0.27229	-0.98876	1.71865	0.67
吉林省	0.53056	1.09961	0.82899	-0.87346	0.51
甘肃省	1.20966	0.77940	-0.07506	-1.09141	0.51
天津市	1.46320	0.95957	-0.80989	-1.43230	0.46
广西壮族自治区	0.95683	0.27021	-0.24492	-0.68447	0.31
内蒙古自治区	-0.12126	0.44268	1.60438	-0.71084	0.27
辽宁省	-0.21909	0.88790	1.14414	-0.96896	0.20
山西省	-0.44294	-0.83674	1.14702	1.70249	0.10
云南省	-0.26566	-0.83181	0.83236	1.19542	0.04
新疆维吾尔自治区	-0.03805	-0.17295	0.44411	-0.19502	0.00
江西省	-0.54329	0.61342	1.01707	-0.94304	-0.02
贵州省	0.63687	-0.99768	-0.92342	0.27626	-0.12
四川省	-0.00908	-1.04208	-0.46646	0.75401	-0.23
河南省	-0.86337	-0.52855	0.38235	1.00461	-0.26
福建省	-0.65056	-0.05412	0.59301	-0.93779	-0.30
青海省	0.32542	-0.89471	-0.96638	-0.36481	-0.33
广东省	-1.30274	-0.09099	0.76543	0.31222	-0.36
陕西省	0.02900	-1.47817	-0.43255	0.28277	-0.39
西藏自治区	-0.39078	-0.33581	0.02278	-0.99509	-0.39
重庆市	0.12675	-0.79108	-1.34581	0.06913	-0.39
海南省	0.08626	-0.46643	-0.49659	-1.53675	-0.41
湖南省	-1.18179	-0.16106	0.54141	-0.12439	-0.44
河北省	-0.93841	-0.76463	0.74746	-0.26797	-0.46
上海市	-2.94931	2.88337	-2.57045	0.74535	-0.92
宁夏回族自治区	-0.45532	-1.75723	-1.59197	-0.79527	-1.04
黑龙江省	—	—	—	—	—
江苏省	—	—	—	—	—
湖北省	—	—	—	—	—

注：黑龙江省、湖北省收集到的权责清单内容缺乏民众感受的结果，江苏省缺乏制定权责清单的原始数据，故因子分析后得到无效数据，用"—"表明。

三、权责清单制度"试点—推广"的演进机制

分析我国现在的公共政策实践活动可得出,公共政策扩散的基本路径是"由政策的局部试点逐步扩展到全面推广",主要包括两个阶段:一是政策在某一个地区或某一个部门开展试点;二是政策试点取得一定效果和经验后,在更广范围内或全国全面推行。在政策试点的过程中,中央对地方政府的认可和支持往往是促进政策不断创新的关键。学界通常认为权责清单制度最早的试点地区是河北省邯郸市。2005年8月,河北省政府决定选择邯郸市作为权责清单实施的试点,经过仔细整理,共汇总出93项市长权力,全国第一份市长权力清单就此公布。2009年,西部地区的四川省成都市首先开启了政府部门权责清理工作,详细公示出49个市级行政部门和单位的权力清单,数量高达7437项。2014年,浙江省42个省级部门的4236项权力清单第一次在网上向社会展现出来。本课题组于2016年在浙江省编办调研时,编办人员说:"每月都有外省市编办人员过来交流权责清单建设,我们欢迎这样的交流和接待,说明我们做的这项工作有社会影响力。"总体来讲,权责清单制度扩散"试点—推广"经历了"职位权力—部门权力"的路径。27个县域权责清单因子分析如表3-17所示。

表3-17 27个县域因子分析样本与结果

年份	地区	省(市、区)	县/区	编码	依据	流程图	监督方式	时限	F_1	F_2	得分	排名
2014	华东	浙江省	苍南县	1	1	1	1	1	1.27	0.67	1.04	1
		江苏省	盱眙县	1	1	1	1	1	1.27	0.67	1.04	2
		安徽省	无为市	1	0	0	0	0	-1.84	1.89	-0.44	17
		山东省	广饶县	1	1	1	1	1	1.27	0.67	1.04	3
	华南	广东省	顺德区	1	1	1	1	1	1.27	0.67	1.04	4
	东北	辽宁省	台安县	0	1	0	0	0	-1.02	-1.13	-1.06	25
		吉林省	永吉县	1	1	0	1	1	0.54	0.61	0.56	8
均值			—						0.39	0.58	0.46	
标准差			—							0.86		—

续表

年份	地区	省（市、区）	县/区	编码	依据	流程图	监督方式	时限	F₁	F₂	得分	排名
2015	华东	上海市	崇明区	1	1	1	1	1	1.27	0.67	1.04	5
		江西省	都昌县	0	1	0	0	0	-1.02	-1.13	-1.06	26
		福建省	平和县	1	1	0	1	1	0.54	0.61	0.56	9
	华南	海南省	乐东县	1	1	0	0	0	-0.91	0.30	-0.46	19
		广西壮族自治区	隆安县	0	1	1	0	1	0.43	-1.34	-0.23	13
	华北	河北省	丰宁满族自治县	0	1	1	1	1	1.15	-0.76	0.44	10
		天津市	河西区	1	1	1	1	0	0.54	0.94	0.69	7
		北京市	顺义区	1	1	0	0	0	-0.91	0.30	-0.46	20
		山西省	清徐县	0	1	0	0	1	-0.30	-1.40	-0.71	23
	华中	湖南省	湘潭县	0	1	0	0	0	-1.02	-1.13	-1.06	27
		湖北省	/	—	—	—	—	—	—	—	—	—
	西北	陕西省	/	—	—	—	—	—	—	—	—	—
		青海省	海晏县	0	1	1	0	1	0.43	-1.34	-0.23	14
		甘肃省	永昌县	0	1	1	0	1	0.43	-1.34	-0.23	15
		宁夏回族自治区	贺兰县	1	1	0	0	0	-0.91	0.30	-0.46	21
	西南	四川省	新津区	1	1	1	0	0	-0.18	0.36	0.02	11
		云南省	嵩明县	1	0	0	0	0	-1.84	1.89	-0.44	18
		贵州省	开阳县	1	1	1	1	1	1.27	0.67	1.04	6
		重庆市	巫山县	1	1	0	0	1	-0.19	0.02	-0.11	12
	东北	黑龙江省	/	—	—	—	—	—	—	—	—	—
均值				—					-0.72	-0.14	-0.10	
标准差				—							0.65	—
2016	华北	内蒙古自治区	/	—	—	—	—	—	—	—	—	—
	西南	西藏自治区	曲水县	1	1	0	0	0	-0.91	0.30	-0.46	22
	华中	河南省	南乐县	0	1	0	0	1	-0.30	-1.40	-0.71	24
	西北	新疆维吾尔自治区	察布查尔锡伯自治县	0	1	0	1	0	-0.30	-0.55	-0.39	16
均值				—					-0.50	-0.55	-0.52	
标准差				—							0.17	—

由表 3-18 旋转成分矩阵可以分析出两个公因子的成分：第一公因子在 x3 和 x5 有较大载荷，主要从清单的流程图和清单的时限方面反映县域权责清单的发展水平，因此命名为流程因子；第二公因子在 x1 和 x4 有较大载荷，主要从清单的编码和监督方式方面反映县域权责清单的发展水平，因此被命名为完善因子。

表 3-18　旋转成分矩阵

序号	指标	成分	
		1	2
1	Zscore（编码）	0.154	0.896
2	Zscore（依据）	0.509	−0.565
3	Zscore（流程）	0.792	0.010
4	Zscore（监督方式）	0.774	0.574
5	Zscore（时限）	0.786	−0.208

注：提取方法为主成分分析法。旋转方法凯撒正态化最大方差法。旋转在 3 次迭代后已收敛。

表 3-19　县域权责清单地区发展状况

地区	得分均值	均值排名	得分标准差	标准差排名
华东	0.46	1	0.86	6
华南	0.12	2	0.81	5
东北	−0.25	5	1.15	7
华北	−0.01	4	0.68	4
华中	−0.89	7	0.25	2
西北	−0.33	6	0.12	1
西南	0.01	3	0.61	3

通过分析表 3-17、表 3-18、表 3-19，可以得到两方面信息。

第一，县域权责清单因子分析结果可以有效解释全国权责清单制度发展的时间滞后性。2014 年发布权责清单的几个省份和地区的县域权责清单的综合得分平均数是 0.46，2015 年发布权责清单的几个省份和地区的县域权责清单的综合得分平均数是 −0.10，2016 年发布权责清单的几个省份和地区的县域权责清单的综合得分平均数是-0.52，由此可以看出当中有非常明显的递减趋势。三个分组综合得分的标准差分别是 0.86、0.65 和 0.17，可以看出权责清单发展较晚也是相对较差的地区清单设置的异质性相对较低，而发展较早也是相对较好的地区清单设置的异质性则比较高。

第二，县域权责清单因子分析结果可以有效解释全国权责清单制度发展的空间滞后性。华东和华南两个沿海地区的权责清单发展状况综合得分的均值分别为 0.46 和 0.12，明显大于其他地区和省份；华中和西北两个内陆地区的权责清单发展状况综合得分的均值分别为-0.89 和-0.33，是相对表现较差的两个地区。与时间滞后性的表现基本相同之处是这些地区权责清单综合得分的标准差，综合得分均值排名第一、第二的华东和华南地区的标准差分别为 0.86 和 0.81，属于标准差相对比较高的地区；而综合得分均值排名最后的华中和西北地区的标准差分别是 0.25 和 0.12，恰恰又是标准差最小的两个地区。这里再一次证明了权责清单发展较差的地区清单设置的异质性相对较低，而发展较好的地区清单设置的异质性则比较高。

四、权责清单制度"调整—拓展应用"的应用机制

从权责清单制度建立到全面推广，为适应党和国家机构改革和政府职能转变的需要，提升政府管理效能，权责清单制度需要动态调整，与机构改革和部门职能调整相结合，与政务服务事项清单和监督事项清单相结合，与法律法规立改废释相结合，推进与"三定"规定有机衔接。权责清单动态管理具体包含对权责事项采取的取消、承接、划转、上解、下放、合并、拆分、新增、更名等类型。在提升事项规范化方面实施"四级四同"，即推动实现同一事项名称、编码、依据、类型等基本要素在国家、省、市、县四级统一，使事项管理标准化；建立编办、司法局等部门的联合审查机制，部门主要领导确认审核的责任机制，以及公众参与机制，例如河南省巩义市充分征求专家意见，邀请法律界专家对放权赋权进行第三方评估，审核组将动态调整后的清单向社会及时公开，接受监督。这保证了权责清单动态调整的规范性、完整性、公开性和权威性。

权责清单动态调整之后，还需拓展应用。清单制是政府优化治理模式的创新技术，行政权力清单是政府行政权力的数据池。随着以人民为中心的政

府理念全面落实，政府行政权力的精细化管理和精准化服务水平不断提高，在应用领域分化产生了诸多清单。现阶段，清单制在我国公共领域已经突破原有限制，在政府、社会、市场领域中不断扩展实践领域。从总体上看，主要有三方面应用场景，如表3-20所示。

表3-20　清单应用场景

应用领域	政府治理	社会治理	市场治理
应用场景	公共服务清单 政府购买服务清单 行政事业性收费清单 政府购买服务清单 政务公开清单 廉政清单	社区自治清单 社区事务准入清单	市场准入负面清单 工业投资负面清单 外商准入负面清单

《中华人民共和国国民经济和社会发展第十三个五年规划纲要》明确提出，"建立国家基本公共服务清单，动态调整服务项目和标准"。江苏省在对接纲要的基础上，制定了适合本省的公共服务清单。2017年5月，江苏省基本公共服务清单编制发布，含10个领域87个服务项目。公共教育、医疗卫生、社会服务等市民关注的问题，清单中都有详细涉及。该清单对各项公共服务项目的服务对象、服务标准、支出责任、牵头负责单位作出细致规定，彰显了清单制度鲜明的优势。对群众而言，这是一份理应知晓的清单，有利于其基本权利的落实保障。对政府而言，一方面政府在想什么做什么，也能通过这份清单让人民群众了解，进而获得支持；另一方面公共服务的清单化、标准化、体系化有助于政府部门提高行政效率，保障民生所需，提高公众对政府的满意度，真正落实为民办事、为民服务。

2020年，山东省德州市拟公开重大建设项目清单，该清单内项目从《德州市人民政府关于印发2020年中心城区城建计划的通知》和《2020年市级重点建设项目情况表》中选取，共计18个项目。其中，2020年中心城区城建项目16个，2020年市级重点建设项目2个。在每个项目批准和实施过程中，重点公开批准服务、批准结果、招标投标、征收土地、重大设计变更、施工有关、质量安全监督、竣工有关信息等8类信息，致力于推进该市重大建设项目批准和实施。

2021年7月,广东省实施涉企经营许可事项全覆盖清单管理。为进一步规范审批权力,广东省将中央设定的523项涉企经营许可事项和本省设定的4项涉企经营许可事项,全部纳入改革范围。以此推动落实涉企经营许可事项全覆盖清单管理,切实简化准入审批程序,建立健全备案制度,严格规范备案管理,防止变相审批。

第四章 地方政府权责清单制度建设的过程与行为

第一节 权责清单制度建设的过程跟踪

一、编制初期"清权"

"清权"是权责清单编制的基础阶段。权责清单的有效实施首先需要对各级政府、各部门的权力进行分类整合梳理,细化分类登记每一项权力,根据权力范围、权力事项的大小轻重,分析论证各行政权力事项,厘清权力名称、法律依据和行使部门,开展权力清理工作,并初步形成处理意见。

根据对各地参与权责清单编制人员的 195 份抽样调查,在"对政府工作部门的所有权力事项都依法依规进行了梳理,对没有法律法规依据的文件都进行了清理"这一表述的看法中,有超九成人员持"赞同"态度,无人对此持反对态度,如表 4-1 所示。这表明,政府的"清权"工作已落实到位,对所有不合规、不合法的权力事项进行了全面清理,确保所有权力事项都具备相应的法律依据,这也是规范权力运行,推动建立法治政府、责任政府的基础要求。

表 4-1 相关人员对政府工作部门梳理权力事项、清理文件的态度

选项	小计	比例
反对	0	0%
中立	6	3.08%
赞同	189	96.92%
本题有效填写人次	195	100%

二、编制前端"确权"

"确权"阶段为权责清单的铸模期。地方编办、司法部门和深改办等部门主要根据法律法规的立改废释、机构的调整,参照国务院和省政府部门权责

清单，对职权进行合并、规范、完善，对政府及其工作部门的权责进行重新梳理、规范和完善。实现科学规范的"确权"需要中央统一规范口径，形成上下衔接的省市县三级行政职权分类体系，也可考虑以编码代替行政职权分类。权责清单的编制在纵向上是省市县逐级压茬推进的，尽管在流程上存在"三上三下"等程序，但人员配置参差不齐难以形成高质量的编制成果，特别是在市县层面这一问题尤为突出。在这一阶段，如何准确地将权力实施的各项要素指标确立下来，将权责清单制度建设的成果运用到规范权力运行和方便群众办事中去，成为各级政府新的课题。

由于各地行政权责清单编制口径缺少统一的规范，行政权力分类、权力事项的梳理口径都是各级各地政府自行组织的，清单制定存在很大的随意性和自主性。一些地方狭义地将行政权力限定为行政机关正在实施的具有法律法规依据的对公民、法人或者其他组织权利义务产生影响的外部行为，内部行政行为原则上不纳入行政权力范围，其他规范性文件不作为行政权力的依据。目前，行政权力事项口径不统一，以河南省为例，权责清单存在"三单一网"和"五单一网"不同类型，在权责清单编制初期，省级政府部门将行政职权分为7个类型，而有的市级政府部门将行政职权分为12个类型，这不利于省市县政务服务网"一张网"的有机对接和可操作转化。

政府部门在"确权"工作中完成度较高，"确权"过程能依照法定程序与明确规定进行，保障权力事项确立具有程序性，就能避免因"确权"程序错误或规定紊乱而造成权责清单出现含糊不清等问题。对各地参与编制权责清单人员的195份抽样调查结果显示，对于"各项权力的名称、实施依据、实施对象、实施主体、办理材料要求和时限等都有明确详细的规定"这一表述持赞成态度的占比96.92%，无人持反对态度，持中立态度的占有效问卷的3.08%，如表4-2所示。由此可见，当前政府"确权"工作完成度较高。

表4-2 相关人员对权力的各项内容是否都有明确详细的规定的态度

选项	小计	比例
反对	0	0%
中立	6	3.08%
赞同	189	96.92%
本题有效填写人次	195	100%

三、编制中端"晒权"

"晒权"是实现政府权责事项公开透明,将政府部门行使的行政职权向公众公开,即"晒在阳光下,关进笼子里"。一是通过平台晒单。政府部门为规范权力运行,对权责事项建立运行流程,并对依申请事项制定公布网上办理的实施清单,向社会公开并随时接受社会监督。二是权力运行透明化。政府部门通过政务服务网动态跟踪行政权力的行使轨迹,接受各方监督,有效形成监督合力,确保行政权力在阳光下运行,让清单成为政府部门履职尽责提升服务的"紧箍咒"。

目前,政府部门"晒权"工作进展顺利,对各地参与权责清单编制人员的195份抽样调查结果显示,对"权力内容都已在政府网站上进行公开'晒单',群众办事可以'按图索骥',一目了然"这一表述,96.14%的人员持赞同态度,无人持反对态度,持中立态度的人数占3.59%,如表4-3所示。这表明政府部门对已确定的权力事项均能公之于众,坚持了全面公开的原则,确保且便于以"群众之眼"督"政府之权",畅通民意反映渠道,提高权力运行的透明度。

表4-3 相关人员对权力内容在政府网站上进行"晒单"的态度

选项	小计	比例
反对	0	0%
中立	7	3.59%
赞同	188	96.41%
本题有效填写人次	195	100%

四、编制后端"调权"

坚持简政放权一条主线,根据法律法规和部门职责的调整变化、机构的撤并等情况,做好职权取消、转移、下放、整合、严管等工作,对权力清单和责任清单进行动态调整更新。党的十九大以来,各级党委、政府纷纷将"一网通办""最多跑一次"改革作为"放管服"改革的精准抓手,及时跟进机构整合和职责划转情况。河南省有的地方编办按照权责清单动态调整管理办法，对市直 34 个部门涉及的 5000 余项权责清单进行了动态调整，实现了职权运转高效。

相关政府部门在开展权责清单通用目录调整工作时，要以"三定"规定为基准，将抽象的行政职权表述具体化、明细化、精准化，有效促进各部门提高认识，严格按规定履职尽责。对各地参与权责清单编制人员的 195 份抽样调查结果显示，对于"随着机构改革整合和政府职能的调整，权责清单能够及时按照'三定'规定和调整的程序进行及时更新"这一表述，选择"赞同"的人数占有效问卷的 96.41%，无人持反对态度，如表 4-4 所示。这充分说明在机构改革与政府职能调整的过程中，权责清单同样能够与时俱进、适时更新，并且没有主观随意更改，而是以"三定"规定为准绳进行调整与更新，具有时效性与灵活性，能更加准确、清晰地反映权力与责任的实时状况。

表 4-4 相关人员对权责清单能否及时按照"三定"规定和调整的程序进行更新的态度

选项	小计	比例
反对	0	0%
中立	7	3.59%
赞同	188	96.41%
本题有效填写人次	195	100%

五、编制后期"制权"

"制权"主要指注重行政权力行使的事前预防、事中管控和事后督查。对于保留、取消、转移、下放的行政许可、非行政许可审批等权力事项，按照转变管理理念、改进工作方式的要求，地方政府应加快实现管理方式从注重前端审批向注重事中、事后监管转变，创新监管方式。例如，湖北省政府将有效"制权"作为推行权责清单制度的重要抓手，强调有效"制权"，通过健全机制、公开透明、加强监督、强化问责，加强权力监督，防止权力滥用，真正做到"有权不任性"。同时，地方政府要加强组织领导，注重协调配合，加大督促检查和舆论引导力度，确保圆满完成各项任务。

对各地参与权责清单编制人员的 195 份抽样调查结果显示，在"每一条权力事项都有与其对应的责任，如果具体环节存在权力滥用，都有明确的问责依据和监督方式"的问题选项中，选择"赞同"的人数占有效问卷的 95.38%，无人持反对态度。如表 4-5 所示。这反映了政府部门权责匹配程度良好，不存在无权之责或是无责之权，并且有相应的问责与监督机制防止权力膨胀或权力缺失，确保权力合理、合规、合法地运行。

表 4-5　相关人员每一条权力事项是否都有明确的问责依据和监督方式的态度

选项	小计	比例
反对	0	0%
中立	9	4.62%
赞同	186	95.38%
本题有效填写人次	195	100%

第二节　组织场域视角下权责清单制度建设的推进机制

新制度主义学派所理解的组织场域主要是指"由组织建构的、总体上获得认可的一种制度生活领域"。该理论为研究制度和组织提供了一种中介，在此种特殊情境中，制度逻辑的相互作用体现在承载这些制度逻辑的行动者的不同实践。通过组织场域，我们可以限定政府权力的操作平台，在这个现场中，各权力主体通过制度逻辑与策略形式对权力进行限定分类，推进权责清单的编制。在编制权责清单的过程中，不同省份采取的实践路径大同小异，具体可以总结为领导推进机制、动员激励机制、保障机制三部分。本研究以河南省权责清单构建路径为例，同时对河南省洛阳市完善权责清单的制度实践进行案例分析，从而探究权责清单制度建设过程的推进机制。

一、基本过程

（一）领导推进机制

河南省委全面深化改革领导小组第六次会议和 2015 年 4 月 20 日省长议

事会对加快推进权责清单制度建设进行了专题研究，要求各级党委、政府要高度重视，加快推进。原则上，省辖市和省直管县（市）要在2015年底前完成"两单"编制公布工作，县级政府2016上半年要完成编制公布工作。省市县各级政府高度重视此项工作，并把"两单"建设作为年度政府重点工作，摆上重要位置，采取有效措施推进权责清单制度建设。

各地政府压茬推进权责清单的建设。以焦作市为例，截至2015年5月8日，除8家省垂直单位需经上级审核外，市直51家单位共上报行政职权5800余项，完成了"清权"工作。5—6月，按照职权法定、依法行政、简政放权、压缩时限等原则，相关部门对5800余项行政职权逐条逐句进行审核，初步确定行政职权5100余项，"确权"工作基本完成；7—8月，全面进入"制权"阶段，对各部门责任清单和流程图进行集中审核；9月份进入"晒权"阶段。县（市）区权责清单工作参照市里做法同步实施、梯次推进。

（二）动员和协调机制

一是领导积极部署，成立负责小组。省市县各级领导积极部署安排，成立由主要领导任组长的领导小组，为推动"两单"工作顺利开展提供强力支持。比如，郑州市建立了联席会议制度，市长或常务副市长积极召集，统筹协调、推动工作落实。二是抽调精干人员，组建工作专班。比如，洛阳市从市直单位和各县市区编办抽调业务骨干30名，成立洛阳市权责清单梳理工作组，设立1个综合组和6个审核组，抽调人员均脱离原单位工作，专职负责"两单"梳理工作。三门峡市由市委编办牵头，抽调市法制办、行政服务中心、司法局、检察院等单位法律专业人员，集中办公，统筹推进工作落实。三是组织业务骨干培训，提升业务能力。针对"两单"工作时间紧、标准高、任务量大、专业性强的特点，采取多种方式加强业务骨干培训。为提高县市区编办业务素质，部分省辖市采取分批从县市区编办抽调业务骨干，采取以干代训方式进行轮训。四是工作组广泛开展业务指导。工作组日常通过QQ工作群、电话指导、上门讲解等方式对各单位广泛进行业务指导，有力促进了工作开展。一些市县邀请省编办工作人员，采取授课辅导与案例答疑的方式，围绕"两单"工作中的一些操作性难题，组织市县各单位和部门的业务骨干进行集中培训。

（三）保障机制

一是建立工作通报制度。及时跟踪了解市县工作推进情况，认真总结推广好经验、好做法，定期通报工作进展情况和有关问题。工作通报需及时报送省委、省政府领导和市县主要领导。市级编办要加强省、市、县的三级联动，定期向省编办上报工作进展情况，总结反映工作推进中遇到的疑难问题，寻求省编办的政策和方法支持。同时通报工作不力单位，鞭策后进单位。二是组织开展工作交流。省编办将定期组织召开"两单"工作交流会，不图形式、不走过场，突出晒方案、晒清单，展示工作成果。同时对工作中遇到的问题共同研究讨论，对工作中探索出来的好经验、好做法进行交流。各地市县加强与兄弟地市县的交流互动，分享经验做法和难点问题解决办法。针对职权清理涉及部门多的现实情况，建立"两单"工作联系制度，制定包括分管领导、牵头部门、工作人员的办公电话、手机、QQ、电子邮箱等多种沟通联系方式。一些地市建立业务例会制度，坚持每周召开一次业务例会，工作组全体人员参加，每个审核组汇报一周工作进展情况，共同探讨解决遇到的疑难问题，统一工作思路和方法，使参与改革人员业务上快速成长、工作上迅速上手，确保高质量完成权责清单梳理工作。

（四）建立督导机制

坚持与"三严三实"专题活动紧密结合，把推进"两个清单"制度建设作为教育活动的一项重要内容，并作为各级各部门规定动作来完成。在工作推进方式上，省编办对进度缓慢的市县下达督办通知单，督促市县按照既定方案抓落实，保障工作进度不停滞。省辖市紧密跟进，严把审核时间质量，建立倒逼机制，科学细化"两单"工作"倒逼时间表""工作路线图""内容定型单"，明确审核时间节点和质量要求，每半月组织召开一次领导小组推进会，通报全市各单位工作进度和存在问题，加大对重点单位和问题的督促指导，合力查找问题原因，保证工作进展节奏和质量。

（五）严格审核流程

三门峡市践行了清权减权的"五防"，即防揽权推责、防于法无据、防处置不当、防权责不清、防一放了之，确保审核权责清单科学精准。按照"依法依规、上下衔接"的原则，审核流程坚持"三上三下一确定"。"一上一下"即对各部门报送的行政职权目录以及取消、转移、下放和理顺交叉分散职权的意见逐条逐项进行合法性、合理性和必要性审查论证，反馈至各部门进行修改完善；"二上二下"即在对各部门报送修改后的目录表广泛征求相关部门、社会各界代表的意见后，再次将修改意见反馈至各部门；"三上三下一确定"即"两单"工作领导小组办公室对各部门上报的正式稿进行联审后由各部门确认，形成最终意见后报政府研究确定。

二、案例分析

河南省洛阳市完善清单制度的实践在这一阶段具有一定代表性。为进一步明确政府工作部门职责权限，大力推进简政放权，加快形成边界清晰、分工合理、权责一致、运转高效、依法保障的政府职能体系和科学有效的权力监督、制约、协调机制，全面推行依法行政，洛阳市多策并举、克服困难，强力推进权力清单和责任清单梳理工作，工作通过以下措施进行。

一是周密谋划，建立健全工作机制。洛阳市完善权责清单制度的初期实践具有以下特点。首先，动员早。2015年5月12日，国务院召开推进简政放权、放管结合和职能转变工作电视电话会议后，洛阳市就召开了推进权力清单和责任清单制度工作动员会，全面启动工作。其次，人手足。从市直单位和各县市区编办抽调业务骨干30名，成立洛阳市权责清单梳理工作组，设立1个综合组和6个审核组，抽调人员均脱离原单位工作，专职负责"两单"梳理工作。最后，设备全。配备专门的办公室、电脑、电话、传真机、打印复印一体机、文件柜等，确保"两单"梳理工作顺利开展。

二是畅通渠道，建立沟通协调机制。洛阳市为加强部门沟通协调作出以下规划。拓宽上下沟通渠道，市审改办负责与省编办、县编办协调沟通，通过文件、电子邮件、电话、QQ群、微信群等多种沟通平台，确保上级指示及时传达，下级工作开展情况及时上报。密切单位与审改办沟通，审改办各个审核组负责本组"两单"梳理单位的业务指导与困难解疑工作，通过纸质材料传递、面对面探讨、电话联系、QQ微信沟通、上门指导等方式沟通联系，确保权责清单梳理工作按照时间节点要求优质高效完成。建立业务例会制度，坚持每周召开一次业务例会，工作组全体人员参加，每个审核组汇报一周工作进展情况，共同探讨解决遇到的疑难问题，统一工作思路和方法，使参与改革人员业务上快速成长、工作上迅速上手，确保高质量完成权责清单梳理工作。

三是稳步推进，建立工作创新机制。首先，及时总结经验教训。开展权责清单梳理工作以来，洛阳市始终坚持边工作边总结，及时总结工作中的经验教训，用好的经验指导推进工作，用工作教训引导督促工作。其次，研发网络填报系统。"两单"工作开始后，市审改办通过互联网大量查找借鉴外地经验，同时又赴郑州市学习"五单一网"网络信息系统，适时研发了"洛阳市权责清单信息管理系统"，投入使用后大大提高了工作效率。最后，深入现场指导。审改办工作人员深入单位，直接面对业务科室指导梳理权责清单制作，同时对县市区开展业务培训。

第三节 权责清单制度实施的行为跟踪

一、权责清单制度实施以来政府职责体系重构的叙事分析

（一）编制清单容易，理顺政府职能较难

政府的投资项目不算是行政审批，如政府的办公楼、一些企业的项目等，这些都是牵一发而动全身的事情，不是简单下放、取消审批权限的问题。总体上来说，精简项目数的多少与改革实施的进度如何，没有必然联系，数字的多少并没有实际意义，关键看政府管什么、怎么管，政府职能是否转变，改革是否能真正惠及民众。

（二）纵向放权后的"接盘"成为新课题

目前，向县级放权赋权的主要有直接下放、委托下放等方式，而县级向乡镇下放经济社会管理权主要有委托下放、服务前移等方式。一是委托下放。对法律法规明确规定由县级行政部门行使的行政权力，各乡镇、街道有承接需求，并且具备相应承接能力和条件的，县级行政部门可以与乡镇政府签订委托协议，并做好委托事项的指导、培训、监管工作，以确保乡镇、街道规范承接、有序运转。二是服务前移。为了实现便民服务，让基层群众少跑腿，政务服务需向乡镇延伸，县级行政部门采取推动服务端口前移方式，在乡镇便民服务中心设置窗口办理一些与群众联系紧密的权力事项，打通了服务群众的"最后一公里"。向基层下放经济社会管理权限应依法下放，科学依法合

理赋权。但根据现行法律法规,行政执法权主要由县级以上人民政府及其职能部门行使,虽然乡镇成立了综合行政执法机构,但并不具备行政执法主体资格,现行的《中华人民共和国行政处罚法》《城市管理执法办法》等相关法律法规均未为乡镇集中执法提供依据。《河南省赋予经济发达镇部分县级经济社会管理权限指导目录》是以省委办公厅、省政府办公厅名义印发的规范性指导文件,不是地方性法规,也不是地方政府规章,不能作为权力下放的法律依据,这是制度文件层面无法推动放权赋权的根本原因。目前对于哪些行政权力可以下放缺少统一的规范,放权赋权应在下放经济社会管理权限目录的基础上,进一步明确行政权力事项清单,明确"放什么",以哪种程序"怎么放",如何来跟踪指导和监督放权之后的运行,以及如果承接不了应以什么样的程序收回,这也是进一步推进放权赋权需明确的问题,因而有必要出台地方性法规或地方政府规章,对相应程序进行规范。

权力下放的承接能力问题也至关重要。当前各地政府对下放权力的承接仍存在问题。对各地参与权责清单编制人员的 195 份抽样调查结果显示,对"在权力的下放过程中,放权赋权的服务跟不上,承接机制不完善,导致下级政府部门不能很好地承接"这一表述,持赞成态度与持反对态度的人数的比例为 1∶1.09,如表 4-6 所示。这表明对于权力下放过程中,下级政府部门的承接情况、承接机制完善情况、放赋权服务情况存在争议。侧面反映了在权力下放与权力承接的交界点存在隔阂或是不通畅,导致承接过程出现断档,放权服务与承接机制还需改进与提升,才能真正让下级政府部门"接稳"权力。

表 4-6 相关人员对是否存在放权赋权的服务跟不上、承接机制不完善的现象的态度

选项	小计	比例
反对	87	44.62%
中立	28	14.36%
赞同	80	41.02%
本题有效填写人次	195	100%

河南省赋予经济发达镇 185 项经济社会管理权限,但在实践中没有完全落实到位。例如,洛阳市各区县平均向各乡镇下放权限 56 项,最多的栾川县

下放权限90项，嵩县国家级经济发达镇车村镇承接下放权限121项，而平顶山鲁山县经济发达镇张良镇只承接34项下放权限。各地在下放权限的数量上参差不齐，有些部门下放的乡镇行政事项专业技术含量高，涉及法律法规多，需要专业机构认定和设施设备检验，乡镇政府对下放的权力难以承接到位。一些县级主管部门下放权限时，特别是涉及国土、环保等专业性强的部门权限，相关部门不组织交接，相关业务培训、政策指导未能及时到位，不对接权限的后台运行机制，一些事项衔接不到位，导致部分乡镇对下放的职权承接不好，出现接不住、管不好、无能力对接、不能对接等现象。因此还需避免县直职能部门借机构改革和放权赋权，将不想承担的责任事项推给乡镇。

二、组织场域权责清单建设中权力体系的解构化与重构化

在放权背景下，监管职能下移，而基层所需的相关资源配置权、专项性资金调控权、项目建设审批权等有下放不到位的现象，且人、财、物不匹配，部分基层承接上级下放的权力后，人员力量、资金保障没有配套跟进，导致"无钱办事、无人干事"。

（一）建立对下放权力事项的互认机制

政府相关部门要建立对下放权力事项的互认机制。比如，规划许可证的核发，自然资源和规划部门可以将规划许可证的核发权限下放，由乡镇承接，住建、房管、消防等相关部门要建立对接协调机制，注重权力链条下放的有机性，而不是割裂内在的系统性。

（二）全面推行乡镇街道职责准入清单制度

科学划分县乡两级事权，优化政府职能纵向配置，在县乡各项工作职责中，进一步明晰县乡两级承担的职责、主体职责以及配合职责。例如，山东省人大制定了地方性法规《山东省乡镇人民政府工作条例》，山东省委组织部、省委编办出台了《关于明晰县乡职责规范"属地管理"的若干意见》，对县乡职责分工、职责事项准入机制作出了一系列规定，这些都是对属地管理规范化、法治化的有益探索。

三、组织场域权责清单制度利益相关者的行动逻辑与约束条件

（一）放权

一是"关键事权下放不充分"。为维护核心利益，一些部门采取保留式放权、下放担责事权等变相做法。二是"放权错位"。具体表现为下放权力与地方实际情况（经济、社会发展）不相符，缺乏针对性、有效性。三是"放权有水分"。具体表现为上百项权限的下放过于繁杂，中间环节可能存在不正当行为。四是"放权不完整"。主要表现在审批权下放后，相关部门的权限却没跟进下放，导致办事群众出现"来回跑"的现象。

（二）"隐形审批权"

现阶段，我国社会组织发育不甚健全，还不能很好地承接政府转移出来的职能，而且行业协会和中介机构不规范等现象仍然突出，因此一些中介组织甚至演变成为事实上的行政权力主体的"二政府"。有些中介服务时间甚至约占项目全部审批服务时间的60%—70%，因而要避免陷入"审批围城"，减少名目繁多的权力"梗阻"。

第五章 权责清单制度动态调整的过程跟踪

随着全面深化改革的不断深入，机构改革涉及的职能划转、机构整合和法律法规的立改废释等综合体系已基本完成，但是让改革的成果切切实实发生"化学反应"，还需要在建立政府部门权责清单的基础上，对其进行及时准确的动态调整，使其成为改革有效落实落地的一剂"催化剂"。

第一节 权责清单动态管理的基本理论

权责清单动态调整是权责清单制度建设的重要组成部分，是指政府部门为保证权责清单的及时性和有效性，根据法律法规立改废释等情况，及时修订并完善权责清单，制定后续监督管理办法，确保调整后的权责清单落到实处，并向社会公布。权责清单动态管理遵循依法规范、严格程序、便民高效的原则。在推行权责清单动态管理的过程中，政府部门要根据实际需要不断深化相关制度的改革和完善，充分征求社会各方面意见，主动接受社会监督。权责清单动态管理具体包括对权责事项采取的取消、承接、划转、上解、下放、合并、拆分、新增、更名等类型。取消是指因法律法规修改废止而取消对应的权责事项；承接是指上级政府部门决定将权责事项下放后，下级政府部门进行承担管理；上解是指将权责事项的行使主体由下级政府部门上调至上级政府部门；下放是指将行使主体由上级部门调整至下级部门；合并是指多个权责事项整合为一个权责事项；拆分是指将一个权责事项分解为几个权责事项；划转是指将权责事项从一个部门划到另外一个部门；新增是指法律法规颁布、修订或者部门梳理事项时有遗漏而新列入的权责事项；更名是指对权责事项名称进行更改。

第二节 权责清单动态管理的必要性及其意义

一、政府机构及其职能变动的需要

权责清单的行使主体是政府部门，随着各政府部门的新设、合并、撤销及其职能的新设、取消、调整、划转等变动，其权责事项也会发生相应变化，最终推动权责清单的动态调整。因此建立健全权责清单动态管理机制有助于优化权力运行流程、强化权力监督和问责，及时根据工作实际和行政审批事项调整权责清单，能够确保各部门职权事项的真实性、准确性和完整性。

二、法律法规内容调整的需要

权责清单制度是推进依法行政、建设阳光政府的重要手段。权责事项包含的事项名称、行使主体、流程图和监督方式等内容应根据实际的法律法规调整而变化，即权责清单的事项内容应动态调整。权责清单目录随法律法规的动态调整而变化，进行新增、取消等调整，而法律法规的变动必然会引起政府工作部门的权责变化，因此政府部门权责清单就需要相应动态调整，这样才能更好地促进政府职能转变，规范和制约行政权力，推进法治政府、廉洁政府和诚信政府建设。

三、简政放权的需要

政府在推进简政放权的过程中，对于承接下放的权责事项，必须及时调整原有相关目录。2020年9月11日，时任总理李克强在全国深化"放管服"改革优化营商环境电视电话会议上指出，对取消下放的事项要及时跟进监管措施，对下放的权责事项要按时按要求承接，对于该取消的要及时取消。这就需要及时更新政府部门权责清单，并让公众方便、快捷了解政府部门权责的变化。对于直接面向基层群众、使用频率高、技术要求低的行政权力事项，相关政府部门应当及时申请变更，以达到简政放权的目的，实现权责清单的动态管理。

四、权责清单制度建设科学性的需要

权责清单制度建设要明确调整主体、调整情形、调整程序，这对确保权责清单的准确性、合法性和规范性具有重要意义。明确调整主体，确保专人负责，压实政府部门的主体责任，保证权责清单的准确性、合法性和规范性；明确调整情形，确保及时启动，严格贯彻执行有关规定，及时启动调整程序，确保调整到位；明确调整程序，确保有序进行，保证政府部门严格按照"调整—审查—公布—备案"的程序进行，确保权责清单规范化运行。

第三节 权责清单动态管理的具体流程

政府权力的调整需要适应经济社会发展和转型的需求，这是一个长期的过程，也是一个法治化程度提升的过程。2015 年，中央和各省先后印发关于建立政府部门权责清单制度的意见，河南省安阳市被确定为河南省权责清单制度建设试点。安阳市委编办牵头承担相关工作，印发公布市级保留行政权力事项，在全省首先建立了权力清单制度，并制定了配套的动态调整机制，印发了《关于印发安阳市行政权力清单动态管理办法（试行）的通知》。2018 年，随着机构改革职能划转，尤其是行政审批制度改革领导小组办公室移交市政务服务和大数据管理局，需要更加具体的权责清单动态调整机制，随即市委编办印制了《关于明确权责清单政务服务清单动态调整流程的通知》，制定了动态调整的联席会议制度，提高了权责清单动态调整效率。

权责清单动态管理是实现权责清单制度功能价值的重要环节，是实现行政体制改革的重大举措，也是建设廉洁政府、服务型政府和法治政府的巨大推力。根据权责清单动态管理的实施现状，相关政府部门在施行过程中，应做好统筹协调与衔接、审查审核以及动态调整的监督检查等工作，以期完善权责清单机制，通过实现政府职能的转化以及政府权力的规范，建设人民满意的服务型政府。

一、统筹协调，对照衔接

此轮机构改革涉及职能调整和新设立的部门，严格对照"三定"规定明

确工作职责，对部门间需划转的行政权力事项进行调整，要求划出部门要与划入部门主动对接，确保行政权力事项划转调整有序、不断档。对新组建部门、机构整合、职责划转等调整，通过会议讨论，积极运用"三定"化解部门职责争议，提高"三定"规定与权责清单的协同性，巩固机构改革成果，为部门依法、正确履职提供保障。例如，安阳市清单对每个环节的办理时限作出了要求，编制部门按照职责进行审核，报市政府常务会议研究确认后，向申请单位出具调整权责清单文件，同时修改该单位权责清单，协同市政府办公室对调整的权责清单进行更新、公布。

二、联合审查，确认审核

编办、司法部门对各部门报送的梳理结果进行认真审核、层层把关，将修改意见及时反馈给各单位，最后由部门主要领导对本部门行政权力事项清单签字确认，实现审查贯穿始终、环环相扣，保证权责清单的规范性、完整性和权威性。本着与法律法规立改废释、部门"三定"规定及政务服务事项融合的基本原则，河南省安阳市委编办联合市政务服务与大数据管理局联合印发《关于明确权责清单政务服务清单动态调整流程的通知》，要求相关部门在规定时限内依据法律法规、职责变化等情形，按照调整格式向市行政审批制度改革领导小组办公室提出申请，并由审改办统筹协调编办、司法局等相关部门形成联席会议论证决定。国家法律法规时常会有立改废释等调整变动，机构改革后的一些领域内的专项改革也在不断开展，因此个别部门的个别事项偶有调整，集中印发或者专门召开常务会议研究实施可操作性不强，这一做法存在不足。因此可以借鉴山东省的做法，依托政务服务平台，发挥互联网的技术优势，将调整的主体明确为各部门，各单位依据行政审批制度改革领导小组办公室的决定自行调整，这种做法减少了因多个部门集中批量调整的时限，提高了权责清单动态调整的时效性，符合市场发展、群众办事的便捷要求。

三、动态调整的监督检查

以河南省安阳市为例，为了防止政府部门擅自更改、增加权力要素，安阳市将权责清单实施情况纳入巡察和督查范围。在领导干部审计、选拔任用，不作为不担当、形式主义官僚主义等专项治理时，将岗位领域所涉及权力和责任事项作为考核重要内容，把权责清单制度作为明确权责关系、提供法律依据的重要抓手，使领导干部铭记手中权力、肩上责任，督促其正确用权担责。

第四节　权责清单动态管理的案例分析

一、市级权责清单动态管理的案例分析

（一）驻马店市权责清单动态管理案例分析

驻马店市在2015年正式建立了权责清单制度，40家政府部门或单位在法律法规和"三定"规定等规范性文件的基础上，结合实际工作情况以及行政审批事项清理情况，参照行政检查、行政强制、行政确认等"7+X"模式的分类方式，对现有的行政职权进行全面梳理，共保留3804项行政职权事项，并将确认保留下来的行政职权事项，按照统一的格式编写，采用Excel表格形式，以职权实施、名称、机构、环节、责任、时限等9项要素统一规范，同时采取政府文件、新闻发布会、网站登载等形式统一对外公布所属部门的权责清单及运行流程图。2015年权责清单正式公布以后，驻马店市采取每年一次更新权责清单内容的方式进行管理，截至2019年，保留后的权责事项数分别为：2016年3811项、2017年3805项、2018年3754项、2019年4090项。该市所辖县区随后也进行了梳理，制定并公示各自的权责清单。在2019年乡镇和街道机构改革时，驻马店市所有乡镇和街道也按照改革要求建立乡级权责清单。该市市县乡三级政府都完成了权责清单编制和公示工作。

驻马店市在2016年出台了《驻马店市政府权责清单运行与监督管理暂行办法》，对权责清单动态管理进行明确规定，依据是法律法规的立改废释，职能调整以及中央、省政府的取消和调整行政职权事项的文件。由各职能部门提交拟调整的内容、依据、实施机构、运行流程等材料申请，机构编制部门负责调整权责事项的确认工作，行政服务中心负责流程优化和行为规范等，纪检监察部门负责对违规违纪行为进行责任追究，即"职能部门申请—编制部门确认—司法、发改和财政部门审核—政府审定公布—行政服务中心和纪检监察部门事后监管"的动态管理流程。

驻马店市权责清单的动态调整体现了"三个紧密结合"的特点。

一是与机构改革和部门职能调整紧密结合。依照驻马店市党政机构改革后的 47 家新"三定"规定，根据部门间职能调整，该市及时将新增职权事项纳入权责清单；对部门职能划转的，通过核对部门报送的行政职权事项动态调整工作情况报告，及时将转移职权事项调整到位；对承担行政职能的事业单位职能回归机关的部门，及时对其权责清单中的责任科室等进行重新明确，累计划转行政职权事项 300 余项，确保权责清单准确全面。

二是与市政务服务事项清单和监督事项清单紧密结合。2018 年下半年以来，该市根据《国家级基本目录》和《河南省省级基本目录》，认领市级行使的政务服务事项，梳理形成驻马店市政务服务事项清单；同时，2019 年市直部门又从国务院"互联网+监管"系统平台中认领梳理形成市监督事项清单。参照这两个清单，该市及时对权责清单进行补充，并对部分职权事项进行合并和细化拆分，累计新增行政职权事项 500 余项，确保与国家、省政务事项无缝衔接。

三是与法律法规立改废释紧密结合。针对此次党政机构改革后有关法律法规立改废释等变化情况，根据市人防办、市公安局、市应急管理局、市新闻出版局、市司法局等 19 家部门提供的法律法规，及时取消和承接相应的职权事项，并对权责清单中职权名称、实施依据等进行动态调整更新，共调整行政权力事项 100 余项，确保权责清单合法。调整后，市级清理减少行政职权 271 项，新增行政职权 607 项，最终市直 33 家部门共保留行政职权 4090 项。

（二）开封市权责清单动态管理案例分析

按照中央和河南省委、省政府安排，为全面推行权责清单制度工作，开封市及时出台了相关文件，并组织权责清单工作培训会，对市直部门和县区相关工作人员进行培训，下发《开封市推行权力清单责任清单制度工作手册》，于 2015 年启动市县权责清单工作。在审核权责清单的制定过程中，开封市按照"依法依规、上下衔接、全面真实"的原则，审核流程坚持"三上三下一确定"，按照程序审核反馈，形成最终意见后报党委、政府研究确定。截至 2015 年 12 月底，开封市政府 34 个工作部门和市直 4 个依法承担行政职能的事业单位权责清单编制公布完毕，共核定 38 个部门和单位行政职权 3439 项。县区权责清单于 2016 年 3 月底前全部印发公布完毕。

1. 开封市权责清单动态管理机制

为保证权责清单制度得到有效落实并不断完善，切实维护权责清单的严肃性、规范性和权威性，开封市委、市政府2016年研究出台了《开封市政府工作部门权力清单和责任清单运行监管与动态调整暂行办法》。文件共五章二十七条，主要明确了权责清单运行监管的内容、对象、方式和职责分工，动态调整的时机、情形、程序和任务分工，以及相关责任追究。文件的出台为今后开封市权责清单动态调整提供了体制机制保障。

2. 开封市权责清单动态调整情况

开封市自2015年公布权责清单以来，于2017年和2019年进行过两轮大的调整。2017年，市政府要求市县区各部门、各单位对照权责清单公布以来的法律、法规立改废释情况和国务院、省政府、市政府取消下放调整行政职权事项情况，对本部门权责清单中行政职权事项逐一核查，对应调整。调整后，市直纳入权责清单制度实施范围的共计38家，行政职权由3439项调整为3332项。2018年开封市启用了市政府工作部门权责清单专用网站，实现了各类清单、目录的实时、精确动态调整和公布。2019年开封市委编办要求各部门根据机构改革后职能调整情况和法律法规立改废释情况对本部门权责清单进行新一轮调整，调整后共核定行政职权3396项。

二、县级权责清单动态管理的案例分析

（一）兰考县权责清单动态管理案例分析

随着县直部门和乡镇（街道）机构改革逐步完成和法律法规的立改废释，兰考县各部门都不同程度存在职责权限转移，权力实施主体变动，上级新增、取消、调整、下放等情况。为了进一步跟进权责清单的调整，规范权力运行，县委编办根据机构改革的总体要求，对权力清单和责任清单的动态调整实践做法如下。

第一，学习借鉴，汇集意见建议。积极组织相关部门具体业务人员深入学习2015年以来全省权责清单编制、调整文件精神；到浙江省、山东省及新乡市等先进地区学习借鉴典型经验；深入行政服务中心等县直各单位、乡镇（街道）进行调研；召开多次座谈会，广泛征求各单位业务骨干、行政服务中心、法制办、人大代表、政协委员等的意见建议，为全面梳理权责清单打下

坚实基础。

第二，全面梳理，形成初步意见。县委编办要求各部门根据新的"三定"规定对权责清单调整情况进行全面梳理，明确列出清单新增事项、划转事项去向，提出调整具体意见；根据法律法规的立改废释情况和上级取消、调整、下放职权事项的文件，对权责清单的相关行政权力进行比对梳理，形成调整意见，维护清单的严肃性和权威性，力求做到"法定职权必须为"和"法无授权不可为"。

第三，反复审核，确保无缝对接。各相关部门按照规定程序，报送权责清单调整意见，县委编办联合县法制办对权责清单事项进行审核。审核通过后，按要求在县政府网站上公示部门权责清单和运行流程图，确保机构改革后各部门权力事项顺利移交、无缝对接，新组建调整部门权责对等，工作正常有序开展。

第四，严守程序，及时动态调整。2011年以来，兰考县共承接上级下放权限8个文件，涉及33个单位720项，及时对权力清单、责任清单进行了动态调整。经过6次清理规范，共取消行政审批事项243项，所有非行政许可事项全部取消。通过连续对全县31个县直部门累计报送的行政权力事项5150项进行审核确认并调整完善，保留县级行政权力事项3149项，共精减38.9%，并以清单的形式印发公布，接受群众监督。兰考县不断深化行政审批制度改革力度，根据上级文件精神和各部门具体工作实际，2016年下放乡镇（街道）审批服务事项35项；2017年以经济发达镇为试点，再次下放南彰、堌阳部分经济社会管理权限65项；2019年下放并编制乡镇（街道）权责清单117项，印发《兰考县人民政府关于印发兰考县乡镇街道权责清单的通知》（兰政〔2019〕13号），并在县政府网站向社会公布。

第五，强化监管，推进工作落实。兰考县联合相关部门不定期对权责清单调整运行情况进行监督检查，对权责清单调整工作推进不力、拖延不办的部门和责任人予以通报批评。为防止监管真空和出现安全风险，兰考县需要严格按照职权法定、权责一致、权属清晰的原则，对机构改革后重点领域的审批职责、监管职责进行及时梳理和调整。

根据上级有关文件精神，结合实际，兰考县委编办制定编制了动态管理权责清单"六步骤"运行流程图。一是下发文件。成立兰考县县乡权责清单编制工作领导小组，下发编制县乡权责清单实施意见，并要求县政府工作部门和乡镇（街道）都要编制权责清单和行政职权运行流程图，做到"行政职权进清单，清单之外无权力"。二是部门编制。各单位要调集精兵强将，集中时间和精力，抓紧开展本部门的权责清单编制工作，做到行政权力不重不漏、准确无误，确保"行政权力进清单、清单之外无权力"。三是及时上报。各单位将编制好的本单位权责清单，及时以纸质和电子文本的形式报县委编办。四是联合会审。县委编办邀请县有关部门法律专家，对部门上报的权责清单进行逐项逐条审核论证，修改完善。五是反馈确认。县委编办将审核论证、修改完善后的部门权责清单分别反馈给对应单位，各单位对各自的权责清单进一步审核确认，采取"签字背书"形式，确保权责清单不漏不重，再向县委编办报送审核确认后的本单位权责清单。六是公开公示。为了维护权责清单的规范性、严肃性和权威性，实现权力在阳光下运行，需要将权责清单在县政府网站上公布，接受监督和动态管理，确保"法无授权不可为、法定职责必须为"。

（二）长垣市（县级市）权责清单动态管理案例分析

长垣市加快了权责清单与"三定"规定的有机衔接。为切实巩固机构改革成果，进一步提高各部门依法履职，长垣市积极推进权责清单动态调整，同时将权责清单与"三定"规定有效衔接，着力构建科学完备的权责清单运行体系和公开透明、权责分明监督制约机制。一是强化组织，合理安排。该市印发了《关于进一步梳理确认行政权力事项清单的通知》，召开各部门权力事项清单工作座谈会，明确了工作任务、要求、实施范围、组织保障等，并要求各部门结合新制定的"三定"规定扎实推进，结合法律法规的立改废释和明确新增、下放、取消的行政权力事项作相应调整，确保更新一致，认真梳理本部门的权力事项清单。二是统筹协调，对照衔接。本轮机构改革涉及职能调整和新设立的部门，严格对照"三定"规定明确的工作职责，对部门间需划转的行政权力事项进行调整，要求划出部门与划入部门主动对接，确保行政权力事项划转调整有序、不断档。对新组建部门、机构整合、职责划转等调整，多次开会讨论，积极运用"三定"规定化解部门职责争议，提高"三定"规定与权责清单的协同性，巩固机构改革成果，为部门依法、正确履职提供保障。三是联合审查，确认审核。一些市委编办、市司法局对各部门报送的梳理结果进行认真审核、层层把关,将修改意见及时反馈给各单位,最后由部门主要领导对本部门行政权力事项清单签字确认,实现审查贯穿始终、环环相扣,保证权责清单的规范性、完整性和权威性。

(三)武陟县权责清单"四级四同"动态管理案例分析

为了高质量完成权责清单动态调整工作,焦作市武陟县委编办提前谋划、早做安排,将清单调整与机构改革工作紧密衔接、紧密融合,坚持高标准、严要求,稳妥细致、扎实推进。一是吃透精神。武陟县深入学习市发清单调整事项通知、机构改革涉及事项划出划入、政务服务"一网通办""四级四同"等相关重要内容,明确本次清单调整工作的原则和要求。二是精心准备。该县下发通知,要求各单位按照中央指导意见精神,及时开展清单梳理工作,根据"六结合"要求,确保权责清单与"三定"规定紧密衔接,与最新法律规章和"放管服"改革要求一致。三是加压推进。该县召开权责清单动态调整工作推进会,县委组织部、县政府办、县委编办负责人出席会议,要求涉及清单调整的职能部门要以严肃认真的态度,保证清单调整工作按照时间节点高质量完成,县委编办工作人员还要对拟调整情况表填写注意事项进行详细培训讲解。

(四)巩义市(县级市)权责清单动态管理中的权力下放案例分析

巩义市"三个充分"做好权力下放工作。为贯彻落实好省委编办、郑州市委编办对放权赋权工作的重要指示精神,深入推进乡镇和街道机构改革,巩义市委编办根据基层实际需求和承接能力,在广泛调研、充分论证的基础上,分批次、有差别地确定放权目录,确保各项权力放得下、接得住、管得好、有监督。一是充分征求各镇(街道)意见。通过实地调研、召开座谈会等形式,市委编办逐一与各镇(街道)进行沟通,了解185项权限范围内,哪些是基层普遍需要的,哪些是个别镇(街道)急需的,哪些是可以暂缓下放的,进一步明晰县镇(街道)层级间的职责分工,防止变相向基层推卸责任。二是充分征求相关市直部门意见。政府部门同步深入市直相关部门开展调研,充分掌握市直部门对放权赋权工作的看法,在调研过程中,确立了对那些科技手段要求高、专业性强、程序复杂、执行难度大、需第三方介入、不便于集中统一行使、基层人财物难以实现的权力事项暂缓下放的原则,对县镇两级争议较大的事项多次牵头组织会商,确保上下形成一致意见。三是充分征求专家学者意见。该市在这次乡镇机构改革中，引入第三方评估机制，邀请郑州大学教授组成的顾问团队对市直部门和镇（街道）各自确定的放权赋权情况进行法律层面把关，并积极与司法局、政务大数据局沟通协商，通过多方探讨，确定了通过查验许可证、资质证书就可以判断是否违法的处罚权可以下放的原则；人为割裂行政审批和行政处罚的权限暂不下放等11项先行条件。同时在此基础上，最终确定了两个批次的放权目录，切实确保放权工作务实、科学、规范、透明。

第五节　权责清单动态管理存在的问题与对策建议

清单编制完成后需要不断动态更新、丰富完善、规范统一，在清单的运用过程中使清单落地生根，这需要多方面协同配合发力，形成综合效应。

一、存在的问题

为探寻权责清单在动态管理过程中存在的问题，课题组首先对"权责清单是如何动态调整的（时间周期、参与部门、调整依据）""你认为在动态调整中存在哪些问题"的访谈资料进行开放性编码，如图5-1所示，共编制了4级33个编码后，宣布核心范畴饱和。其中，"调整周期以年为单位""职能部门、编办、法制部相互配合""依据法律法规变动与职责进行调整""主体部门及人员缺乏重视""部门对清单存在认识性缺陷""动态调整陷入滞后与被动""周期冗长伴随高额工作量""上下级缺乏意见指导与交流协调"8个核心概念，充分分析其中的关系后，发现主体部门与工作人员对权责清单的认识不足，以及整个权责清单调整周期过长、工作效率低、工作量大，共同造成了权责清单动态调整趋于被动和滞后。最终涌现出"主体行为与机制缺陷加剧动态调整滞后"的核心范畴。

第五章 权责清单制度动态调整的过程跟踪

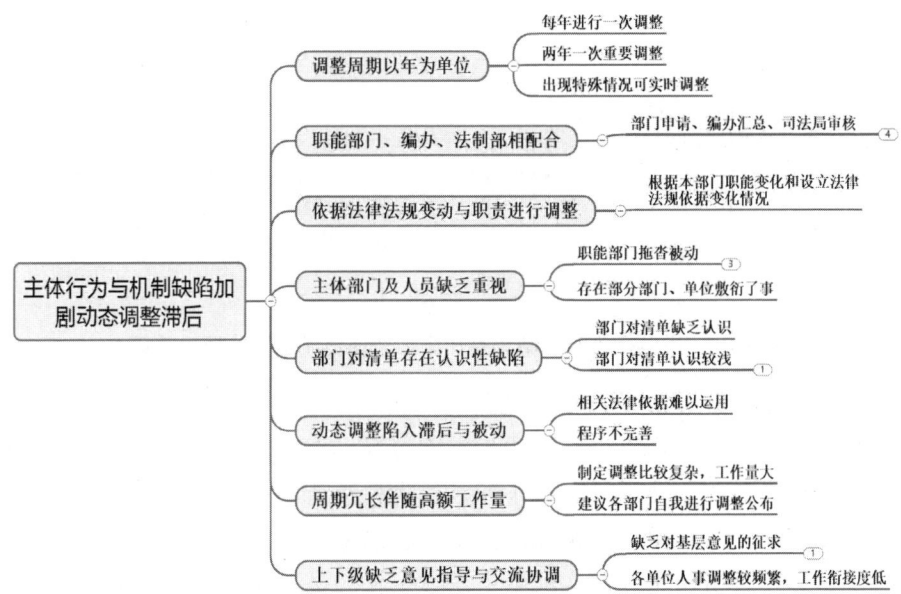

图 5-1 "主体行为与机制缺陷加剧动态调整滞后"开放性编码

在对 HB 市委编办工作人员访谈过程中，课题组得知该市权责清单每年进行一次调整，并且遇到特殊情况时可适时调整，然而也存在部分部门敷衍了事的现象，同时上级也缺乏对基层意见的征求。XY 市 SH 区委编办指出权责清单动态调整流程比较复杂，工作量大，应当简化程序。据此抽象出"调整周期以年为单位""主体部门及人员缺乏重视""上下级缺乏意见指导与交流协调""周期冗长伴随高额工作量"相关核心概念。

如图 5-2 所示，课题组在选择性编码阶段将核心范畴分为了"调整过程与依据""动态调整陷入滞后与被动"两个子范畴，并将动态调整滞后的根源划分为"主体行为"与"机制缺陷"，即在调整机制存在非合理因素的条件下，主体认知偏差导致了行为懈怠，最终使动态调整陷入滞后。这使核心范畴呈现更为清晰明了。

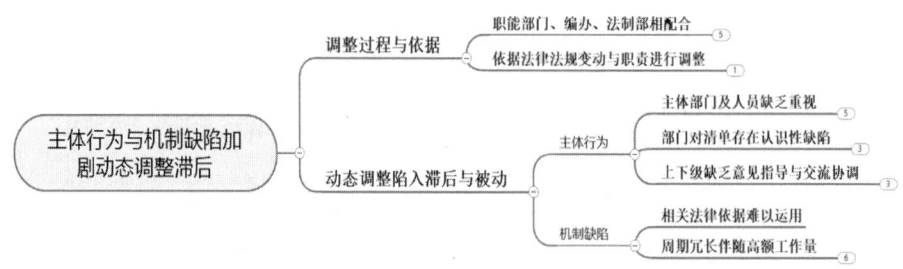

图 5-2　"主体行为与机制缺陷加剧动态调整滞后"选择性编码

（一）主体部门及人员缺乏重视

部分政府部门工作人员甚至领导干部对权责清单动态管理的概念、重要性、必要性、流程、要求等了解不够，认为权责清单跟自己没有关系。有不少人不仅甚少关注清单，甚至连部门中权责清单事项的数量都不清楚，更不用说参与管理权责清单。在实践中，一线工作人员不能真正认识到权责清单的价值与功能，不善于用权责清单来对照工作，真正用清单解决部门和层级矛盾、维护群众权益、强化行政问责的案例甚少，这些客观上阻碍了权责清单作用的发挥。同时，部分单位对"权责清单"动态调整工作不够重视，有些单位把编制"权责清单"当作一项阶段性任务来做，再加上前期报送联络员与实际负责工作人员不一致、填报人不参加集中培训的情况，都大大影响了权责清单动态调整工作的正常开展。

有些县区部门敷衍了事，只是为了应付上级检查而每年简单地公布保留后的权责事项目录，至于如何动态调整，该承接的是否承接、该取消的是否取消都无法上下左右印证，结果就是各县动态调整完的结果各不相同。截至 2019 年，以驻马店市为例，上蔡县 3815 项、汝南县 3710 项、西平县 3642 项、泌阳县 3634 项、平舆县 3587 项、遂平县 3478 项、新蔡县 3128 项、确山县 2919 项、正阳县 2847 项，总数最多的和最少的县之间差距将近 1000 项。由此可见，有很多权责事项被隐匿起来。个别单位工作拖沓敷衍了事，在报送材料方面存在不按规定时间上报，甚至不报送材料的现象，严重影响了权责清单工作的审核进度。

个别承担行政职能的党委机关不愿开展权责清单管理工作，担心工作过程受阻，同时也害怕需要为工作失误承担责任。在权责清单实施过程中，一些部门领导"清单意识"不足，对于推进权责清单动态管理工作的热情不高。个别部门建立权责清单的时候，考虑自身利益过多，熟练编制部门权责清单的工作人员少之又少，认识偏差主要表现在对"权力进清单、清单之外无权力"不理解上。对这个问题认识不足，会直接在"一审"中出现行政权力事项没有得到全部梳理上报的问题。许多单位觉得报多报少无所谓，甚至认为越少越好，没有从实际出发，认真对照法律法规和单位"三定"规定做好梳理，查漏补缺。因此权责清单动态调整工作，还没有完全与社会的需求衔接。

群众参与度不高。清单不够科学和便捷，以致于真正能看懂清单、会使用清单的群众只占少数，群众办事时程序麻烦，获得感不明显，且举报渠道尚未明确，监督氛围尚未形成，社会监督机制的形成还不具备成熟的条件和氛围。因此在权责清单的实施过程中，群众的参与率较低。

（二）部门对清单存在认识性缺陷

部分职能部门对权责清单的重要性认识不足，在权责清单事项发生变动时，部门不能及时向权责清单主管部门提出调整申请。"法定职责必须为、法无授权不可为。"权责清单的实施是依法执政、法治政府建设的重要举措，然而目前国内政治学、管理学以及法学领域在运用场景中对于权责清单的法理定位一直众说纷纭，对权责清单法律效力的不同定义必然会导致实际运用中对权责清单的认知差异。这种差异最终会导致权责清单在各级政府部门动态调整过程中无法协同一致。

（三）上下级缺乏意见指导与交流协调

一些地方在行政职权取消或下放过程中缺乏对基层意见建议的征求，缺少对权力相应的资源配置是否到位情况的考虑，各单位人事调整较频繁，工作衔接度低。动态调整过程中上下级存在信息交流的障碍，一些上级不能对放权后出现的问题或需要注意的问题进行解释说明，这就导致下级在接权后仍需盲目摸索，在影响工作效率的同时增加了时间成本，并打击了下级部门工作人员的积极性。放权与接权是同一过程的两方面，但不少上级部门将其看成两个过程，放完权后就置之不理，无形中增加了下级部门的负担。

（四）相关法律依据难以运用

在权责清单编制和动态调整工作中，一些地方发现部分条文已经不适应目前的经济社会发展新形势。法律、法规的立改废释都需要经过法定程序，而地方政府还不具备这些权力，因此无法及时对权责清单的法律、法规依据进行调整。这就使得当前的权责清单带有一定的过渡性，还需要对一些事项的社会需要程度做进一步论证。为使权责清单跟得上国家发展的新形势，跟得上经济社会的发展需要，国家需要加快调整与行政权力相关的法律法规。

（五）周期冗长伴随高额工作量

权责清单的入出口防控机制宽严不一，有些地方专门针对新增权力构建了事项防控机制，按照各类内容对事项进行分类，但出口淘汰机制却过于宽松，使得权责清单尤其是权力清单的动态调整，周期较长、效率较低。这种出入口防控机制不一的问题，很大程度上导致了工作周期的增加。

（六）粗放式放权阻挠有效承接

课题组对"在参与权责清单制定过程中，您认为上级部门放权赋权与下级部门承接之间目前存在哪些问题，需要做哪些改进工作"问题的相关访谈资料进行开放性编码（图5-3）后，在编制了4级41个编码后宣布核心范畴饱和。编码过程中课题组逐步发现了"粗放式的放权过程""下放权力带有保留性质""承接部门难以有效'接权'""承接工作开展所需配套资源缺失""下放权力脱离实际所需""下放与承接间存在信息缺口""加强对承接部门指导与培训""相关法律法规亟待完善"8个核心概念，比较分析后发现放权过程的不恰当是最终导致接权难的根源，并将这种不恰当的放权定义为"粗放式放权"，最终涌现出"粗放式放权阻碍有效承接"这一核心范畴。

课题组在对HB市委编办工作人员的访谈中，其提到了上级在下放权力时未充分征求下级意见，并且将关键权力保留，导致基层有权无能的现象时有发生。这使得"粗放式放权过程""下放权力带有保留性质""下放权力脱离实际所需"相关核心概念涌现。

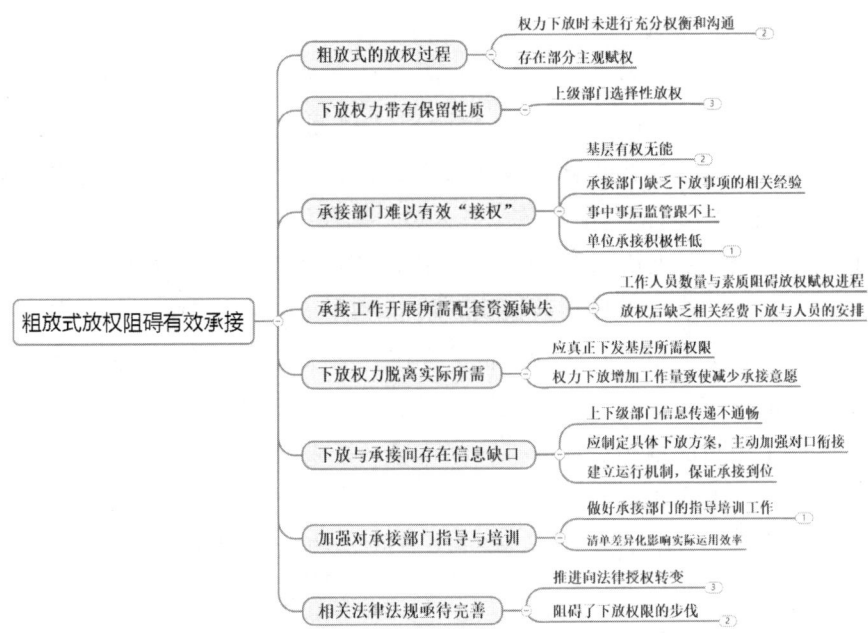

图 5-3 "粗放式放权阻碍有效承接"开放性编码

在选择性编码阶段重新梳理分析各核心概念之间的关系后,课题组发现部分核心概念其实属于"粗放式放权"这一概念,于是将其进一步整合,丰富了"粗放式放权"的内容,并将剩余三个核心概念列入"解决措施"这一概念。如图 5-4 所示。选择性编码后使得核心范畴更为清晰,即"粗放式放权"的现象带来"承接困难"的问题,以及有效的解决措施。

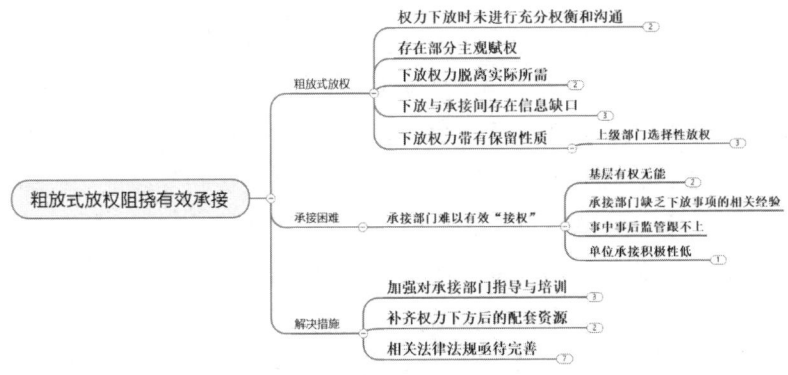

图 5-4 "粗放式放权阻挠有效承接"选择性编码

1. 低频事项下放

由表 5-1 "政府行政工作人员对所在机关仅下放低频事项的态度分布"可知，17.7%的政府行政工作人员"十分认同"目前存在一些政府机关为了部门利益，对于群众急需且含金量高的关键事权不下放，下放的是使用概率小的职权事项；41.2%的政府行政工作人员"比较认同"该说法；32.9%的政府行政工作人员"不太认同"该说法；8.1%的政府行政工作人员"完全不认同"该说法。认同政府机关仅下放低频职权事项的政府行政工作人员占有效百分比的 59.0%，说明目前一些行政机关存在为了部门利益，不下放群众急需且含金量高的关键事权，下放的是使用概率小的行政职权事项现象。这种放权方式实质上是对应承担责任的推脱和转移，将放权停留于表面工作，反而加剧了下级部门的负担，并打击了其工作积极性。

表5-1 政府行政工作人员对所在机关仅下放低频事项的态度分布

选项	频次	有效百分比	累计百分比
十分认同	92	17.7	17.7
比较认同	214	41.2	59.0
不太认同	171	32.9	91.9
完全不认同	42	8.1	100.0
合计	519	100.0	—

2. 关键事项保留

由表 5-2 "政府行政工作人员对所在机关不下放关键事项的态度分布"可知，22.5%的政府行政工作人员"十分认同"目前存在上一级政府放权赋权给下一级政府的事项多是责任大权力小，而下一级政府真正需要的关键事项却不下放的现象；48.2%的政府行政工作人员"比较认同"该说法；24.1%的政府行政工作人员"不太认同"该说法；5.2%的政府行政工作人员"完全不认同"该说法。认同上一级政府不下放关键事项的政府行政工作人员占有效百分比的 70.7%，说明目前上一级政府放权赋权给下一级政府的事项存在责任大权力小现象，而下一级政府真正需要的关键事项却不下放的现象较为常见，真正关键权力的保留实质是上一级政府对部门利益的维护。

表 5-2 政府行政工作人员对所在机关不下放关键事项的态度分布

选项	频次	有效百分比	累计百分比
十分认同	117	22.5	22.5
比较认同	250	48.2	70.7
不太认同	125	24.1	94.8
完全不认同	27	5.2	100.0
合计	519	100.0	—

由表 5-3"编办工作人员对制定过程中发现关键事项保留情况的态度分布"结果可知,在"在制定过程中发现,相关部门存在群众急需的关键事权不下放,通过拆分权力把关键环节控制在部门手中,维护部门利益"的问题选项中,选择"赞同"的人数为 59 人,占有效问卷的 30.26%;持反对态度人数为 111 人,占有效问卷的 56.92%;持中立态度 25 人,占有效问卷的 12.82%。这反映了大部分关键权力都能下放到所需要的部门中,以便更好地让下级部门运用职权服务群众,真正将权责清单带来的便利惠及群众。但仍有少许部门为维护其利益将关键权责拆分保留,阻挠权责清单的落实,甚至加重了下级部门的负担。

表 5-3 编办工作人员对制定过程中发现关键事项保留情况的态度分布

选项	小计	比例
反对	111	56.92%
中立	25	12.82%
赞同	59	30.26%
本题有效填写人次	195	100%

3. 担责事项下放

由表 5-4 可知,在"编办工作人员在制定过程中发现,相关部门存在本应属于自身部门权责的事项却下放给了下一级政府部门,存在部门推卸责任的现象"的问题选项中,选择"赞同"的人数为 62 人,占有效问卷的 31.8%;

持反对态度 110 人，占有效问卷的 56.41%；持中立态度 23 人，占有效问卷的 11.79%。这表明在权责清单制定的过程中，下放部门所属权责事项来推卸责任的现象为少数，大部分部门能按照规定下放下级部门所需的权责事项，促进下级部门行政效率的提升。对于少数部门推卸责任的现象应当引起重视，无关紧要的权责下放反而会增加下级部门的压力，与权责清单制定的初衷南辕北辙。

表 5-4　编办工作人员对制定过程中发现担责事项下放情况的态度分布

选项	小计	比例
反对	110	56.41%
中立	23	11.79%
赞同	62	31.8%
本题有效填写人次	195	100%

（七）权责清单动态调整滞后

1. 权责清单动态调整的时效性不足

目前市县乡三级政府职能部门多采取每年一次调整权责清单的工作模式，这明显存在很大的滞后性，职能部门行使职权时也很难按照权责清单规定的内容进行。有些权责清单不适应目前经济社会发展的新形势，甚至对一些法律法规立改废释涉及的权责修改跟踪不及时，使得权责清单调整后的执行效力大打折扣。

2. 资源下放不匹配

权责清单一般都是被动调整，这种自上而下的调整是否考虑到基层承接能力，是否符合实际情况等意见建议也只能靠各职能部门反馈，因而随意性很大。同时，权力下放不配套的问题也偶有发生，如部分事权的下移并没有伴随财权下移，权责事项下放而相应的人财物等却没有配备到位，使得有的权责清单调整完也行使不了，只能束之高阁。

3. 权责清单调整的过程环节较多

权责事项调整公布是建设法治政府的重要内容，也是政务公开的前提条件，因此市县政府对这项工作尤为重视。权责事项动态调整是要经过严格审核程序的，从提出申请、审核把关、市政府常务会议研究确定，到最后印发，需要较多的环节和时间。这在无形中就拉长了权责清单的调整的时间。

（八）权责清单动态管理监督机制不健全

1. 事中监督不力

在权责清单动态管理过程中，各职能部门自行调整权责清单事项，而审核一个权责事项是否合法，审核人员要参阅少则1—2部，多则6—7部法律法规的数百个条文规定。以某市为例，权责清单事项有4090项，对于每一项权责清单事项，职能部门都要审核表格里的10多个项目是否填报准确，特别是对于项目名称和实施依据的审核，需要查阅10万余条法律法规条文。只靠职能部门管理可能会出现本应该纳入权责清单的事项却没有纳入、该取消的权责事项还在保留等现象。因而面对这种情况，不能只是简单依靠省里随机检查，检查到就整改，检查不到就无人发现。

2. 事后监管乏力

目前，对于没有按照权责清单动态管理的行为应当如何处罚，政府部门并没有可具体化的处罚标准，因而有些地方的职能部门权责清单动态调整形同虚设。权责清单动态调整工作仅依靠政府监管是不够的。建立权责清单制度规范政府权力，是推进政治体制改革的战略性举措，是全面深化改革的重要突破口，是保障经济社会持续健康科学发展的必然选择。它是公权力的一场深刻的自我革命。为了防止各部门擅自增加、更改职权要素，变相实施已取消、下放的职权等问题，相关部门要将权责清单实施情况，尤其是将权责清单动态调整事项纳入党委巡视巡察和政府督查范围。在领导干部审计、选拔任用，不作为不担当、形式主义官僚主义等专项治理时，将岗位领域所涉及权力和责任事项作为考核重要内容，把权责清单制度作为明确权责关系、提供法律依据的重要抓手，使领导干部铭记手中权力、肩上责任，督促其正确用权担责。

（九）动态调整机制不完善，透明度欠缺

目前，各地各级政府已完成权责清单的梳理、编制与公开，但后续清单是否能够具备有效的约束作用，真正实现大力推动简政放权仍需观望。部分现有权责清单在政府门户网站或政务服务网站上公布后，往往会成为一种效力较低的规范性文件。由于社会参与机制尚不健全，一些民众反映意愿强烈

的权力事项在清单内容中难以体现；在清单制度的运行中，公众参与以及监督机制的缺位、清单动态调整的不及时公开导致一部分权责清单的透明度欠缺，成为"走过场式"清单。①

二、对策建议

（一）提高权责清单动态管理工作的思想认识

相关部门要强化清单意识，提高对权责清单动态管理工作重要性的认识，充分发挥职能部门领导"关键少数"作用，让各单位领导"入脑走心"，切实转变思想观念，充分认识权责清单动态管理的重要性。做好权责清单的应用推广宣传，让相关人员意识到编制权责清单是为了有效约束政府，更好地服务群众。相关职能部门应该提高认识，方便群众是首位，合理下放承接事项。同时，上级部门应尽快调整部分法律法规，更严谨地推进放权和赋权工作，认识到思想认识在动态管理中的重要性。

（二）统筹建立权责清单的规范化标准体系

加强顶层设计和统筹协调，需要科学划分权力类型，建立统一规范权责清单的结构安排和权责清单动态调整的标准化流程。在建立行政职权标准化基本目录机构的同时，公布制定调整权责清单的标准化流程，建立权责清单数据库，这样不仅便于全面系统推行权责清单制度，也便于机构改革后权责清单的动态调整。同时，全面统一规范权力主体。明确统一的权责清单管理范围，尽可能将所有行使行政职权的部门全部纳入权责清单制度管理，横向推进政府、党委、群团等部门全面开展权责清单管理工作，纵向延伸到乡镇（街道）、村（社区），这样才能在地方政府同步完成省、市、县、乡、村五级权责清单动态管理工作。

（三）建立权责清单动态管理的上下衔接机制

首先，建立权责清单动态调整的领导机制，提高管理位阶，保证制度执行力度。由地方政府出台权责清单动态管理办法，建立从申请、审核、研究、公布等方面一个快速流程。简化权责清单动态调整事项的政府研究程序，缩

---

① 郑俊田，郜媛莹，顾清. 地方政府权力清单制度体系建设的实践与完善精读[J]. 中国行政管理 2016(2)：6-9.

短不必要的等待时间，确保权责清单实时更新。同时，地方层面确立权责清单动态管理的政策指导和规范。其次，畅通反馈渠道，做到职权合理下放。目前，简政放权中事项的取消和下放是单纯的"配给制"。一些上级部门会出现选择性放权，将监管执法任务大、容易出现担责的权限下放给下级，而审批性权限却下放得少。上级部门在放权赋权时，应多听取基层意见，将基层真正急需、能够提升基层管理和服务能力的权限下放到基层。

（四）加强对权责清单动态管理相关人员的能力建设

加强清单编制与动态管理的业务能力培训。一方面，权责清单具体经办工作人员流动性比较快，专业人员少，因而需要不断对相关工作人员进行相关业务知识培训，提高其法律知识和业务水平，更好地促进权责清单动态调整和规范完善工作。另一方面，要加强经验交流，争取上级部门的指导支持，积极与兄弟县市交流互动、协调成员单位的沟通配合，根据工作重点、难点问题及各项工作开展情况，借鉴其他市县的先进经验和做法，不断完善本级权责清单的运行措施和内容。

总之，权责清单动态调整是一项要与时俱进的长期性工作，只有把政府职能转变与权责清单动态调整紧密结合在一起，才能真正约束政府权力，将机构改革的红利释放出来，真正促进政府向服务型政府转变，进而营造良好的营商环境，让企业和群众得到实惠，让法治政府建设深入人心。

第六章 地方政府权责清单制度成效实证分析

第一节 权责清单制度体系成熟程度

一、权责清单制度体系健全完善

构建权责清单应按照法律法规和"三定"规定，对履职情况进行全面分析，将原来表述比较原则性的职责进行细化，一项项仔细梳理，逐条逐项分类登记，不留死角。以河南省三门峡市为例，2017年市级59个单位共梳理出职权事项4041项，这些事项包括对公民、法人和其他组织产生直接影响的行政职权事项，对公民、法人和其他组织不产生直接影响的政府内部管理事项，以及为社会和公民提供行政服务和公共管理服务的事项三类，对应建立了行政职权清单、内部管理事项清单和公共行政服务事项清单"三张清单"，摸清了行政权力的底数并合理分类，为清理规范和简政放权锁定了基数。

权责清单对各相关部门的行政职权进行了系统性梳理公示，提高了审批效率和透明度。各地各部门建立完善一次性告知、服务承诺、首问负责、效能监督、责任追究等制度，按照"谁审批、谁负责"及权力和责任相统一的原则，明确审批人员的责任与义务，建立健全实施权责清单的各项制度，使权责清单制度建设逐步走上规范化、制度化、法治化道路。以河南安阳市为例，政府各个领域规范权力运行的工作事项共有"七个清单一张网"。"七个清单"分别是政府部门权责清单，政府部门行政执法事项清单，政务服务事项清单，市场准入负面清单，行政许可、行政处罚双公示清单，群众企业办事需要提供证明事项清单，行政审批中介服务事项清单；"一网"即河南省政务服务网。"七个清单一张网"虽存在交叉，部分内容有所重叠，但分属不同部门牵头制定，功能定位也各不相同，因此权责清单若要持续发挥无可替代的功能价值，一方面要与"七个清单一张网"融合，另一方面更要有自身的工作重点，突出自身特有的功能定位。

二、权责清单的信息化程度不断增强

各部门在政府门户网站设置"权责清单专栏"，按统一格式公布本部门权责清单内容；通过信息公示，建立起政府、部门与社会的"链接"，搭建社会公众参与监督管理的平台，促进政府及部门公开、公正行使权力，努力打造阳光政府和廉洁政府。比如，XY县委编办工作人员在访谈中提到，大数据局对权责清单与政府服务网的融合付出了很多的心血和努力，这是一项创新工作。新乡市委编办将"两个清单"制度与电子政务结合，工作人员无论上下班，使用电脑还是手机，都可以随时办公，该系统可供所有单位同时使用；一些地市升级改版了编办门户网站，开通权责清单专栏，科学设计网上公示模板，在权力清单和责任清单原有要素的基础上，增加前置条件、所需材料、交流互动、资料下载等模块，拓展了权责清单公示内容，最大限度地方便群众。

以河南省郑州市为例。一是单网深度融合。按照"权责事项集中进驻、网上服务集中提供、数据资源集中共享"的要求，建成并开通政务服务网，市县两级政府门户网、政府服务网、信息公开网顺利融合，实现了"一网打通上下四级、一网覆盖五张清单、一网集合六大功能"，行政审批、便民服务、政务公开、效能监察、资源共享、互动交流实现一个平台运行。二是信息全面公开。各级各部门同步通过门户网站、信息公示栏公开本级本部门清单的详细内容和监督机构、监督电话，接受社会监督，推动权力公开透明运行。三是权力运行全程监管。建立了"1+12+X"清单运行监管体系，"1"即《郑州市人民政府关于全面实施清单制度规范行政权力运行的通知》，"12"即运行监管、联合督查、监督检查、"六位一体"监督、投诉处理、"周清月结季通报年考核"、动态调整等12个工作机制，"X"即各级职能部门行政权责内部运行监管机制和工作制度。"1+12+X"覆盖清单运行的全过程，使所有权力运行全程留痕，可查可控。

第二节 权责清单制度产出标准评价

权责清单制度的产出标准是指制度能够提供满足相关人员需要的产品程度,主要体现为制度质量和产出效益,包括职责是否清晰、权力运行是否规范、制度体系的标准化和便民利民的程度等。

一、权责边界清晰

以清单形式把政府及其各职能部门的每项权力的类别、名称、实施对象、实施依据、实施机构、审批证件名称及有效期、时限要求、收费情况等要素一一列出,行政职权事项又按行政许可、行政处罚、行政强制等8个类别细分,构建出科学清晰的政府职权体系,厘清政府部门之间、政府与市场、政府与社会和政府层级之间的职权边界,建立"行政权力进清单,清单之外无权力"的管控机制。

权责清单实现了权责的有机统一、相互衔接,强化了部门的责任意识,明确了"事前、事中、事后"监管责任,也使责任具体化、固定化。每项权力事项都包括责任内容的详细信息表和流程图,真正为权力套上了制度的"笼子",解决了"有权无责、有责无权、权责不对等"的问题。权责清单与"三定"规定的有机融合,进一步划清了部门之间的职责边界,避免了部门之间工作扯皮的现象,同时构建了权责匹配制度体系。从制度层面强化责任,使每一项政府权力都有对应的责任事项和追责情形,强化了对权力的刚性约束。

表6-1 公众对政府部门扯皮推诿现象的感知分析

	选项	频次	有效百分比	累计百分比
有效值	从来没有	144	21.0	21.0
	几乎没有	212	30.9	51.9
	有但是不多	267	38.9	90.8
	非常常见	63	9.2	100.0
	合计	686	100.0	—
缺失值		—	280	—	—
	合计	966		

表 6-2 政府行政工作人员对政府行政部门扯皮推诿现象的感知分析

选项	频次	有效百分比	累计百分比
从来没有	122	23.5	23.5
几乎没有	127	24.5	48.0
有但是不多	221	42.6	90.6
非常常见	49	9.4	100.0
合计	519	100.0	—

由表 6-1、表 6-2 可知，公众与政府行政工作人员普遍认为目前政府机构内部存在扯皮推诿的现象，但是该现象并不常见。整体来说，公众与政府行政工作人员对于这一问题的选择趋势相一致：选择"有但是不多"的人数最多，两者占比均为 40% 左右；然后是"几乎没有"和"从来没有"；选择"非常常见"的人数最少，占比均低于 10%。由此可见，随着权责清单制度的推行，政府部门之间的权责划分更加明晰，在处理业务过程中部门之间扯皮推诿的现象不再常见。

二、权力运行规范有序

将列入权力清单的事项，对应编制运行流程和责任清单，并且明确权力运行的环节和对应的责任事项、责任科室等，从而建立公开透明的权力运行体系，让单位、承办人员和职权相对人都明白该办的事都有哪些程序、多长时间办结，各个环节要承担什么责任等，将无形的权力装进制度的笼子，实现权力的有序规范运行，加快责任政府的形成。比如信阳市，财政专项资金分配、行政服务两类行政职权相对于其他行政职权事实上存在更大的自由裁量权，因此将其纳入权力清单和责任清单公布，可以进一步规范、减少自由裁量权，充分让权力在阳光下运行。再如开封市，通过全面推行政府部门权责清单制度，实现了权责清单同"三定"规定的有机衔接，规范和约束了履职行为，让权力在阳光下运行。权责清单细化和具体化了部门职责，明确了每一项行政职权的依据、责任事项和流程，推动了政府职能管理精细化，有效促进了各项工作落地生效。

表 6-3　公众对机关办理事务规范性的态度分布

选项		频次	有效百分比	累计百分比
有效值	非常规范	218	31.8	31.8
	比较规范	397	57.8	89.6
	不太规范	60	8.7	98.4
	非常不规范	11	1.6	100.0
	合计	686	100.0	—
缺失值		280	—	—
合计		966	—	—

由表 6-3 "公众对机关办理事务规范性的态度分布"统计数据可知，31.8%的公众认为机关办理事务"非常规范"，57.8%的公众认为"比较规范"，对于"规范性"的正向评价占有效百分比的 89.6%。这反映了公众对于所在地方政府行政机关公职活动的规范性认可程度较高，仅有少数公众认为所在地方政府行政机关存在缺乏规范性的情况。

表 6-4　政府行政工作人员对所在机关办理事务规范性的态度分布

选项	频次	有效百分比	累计百分比
非常规范	235	45.3	45.3
比较规范	254	48.9	94.2
不太规范	28	5.3	99.5
非常不规范	2	0.4	100.0
合计	519	100.0	—

由表 6-4 "政府行政工作人员对所在机关办理事务规范性的态度分布"可知，认为所在机关办理事务"非常规范"的政府行政工作人员占 45.3%，认为"比较规范"的政府行政工作人员占 48.9%。对于所在机关办理事务"规范性"的正向评价占有效百分比的 94.2%，说明政府行政工作人员对所在地方政府行政机关公职活动的规范性认可程度较高，少数政府行政工作人员认为所在机关办理事务存在不规范的情况。

表 6-5　编办工作人员对权责清单能够规范政府工作人员职权行为的态度分布

选项	小计	比例
反对	10	5.13%
中立	14	7.18%
赞同	171	87.69%
本题有效填写人次	195	100%

由表 6-5 可知，在"权责清单起到规范了政府工作人员的职权行为，很大地遏制了滥用权力的行为"的问题选项中，选择"赞同"的人数为 171 人，占有效问卷的 87.69%；但也存在 24 人持反对和中立态度，占有效问卷的 12.31%。这反映了政府工作人员的职权行为在很大程度上受到权责清单的规范和约束，但仍存在少数职权滥用的现象。这同时反映了权责清单在少部分政府工作人员眼中还是一纸空文，抑或是在权责清单制度实行过程中存在因监管不力、监督机制落后而导致"钻空子"等行为。

总体来看，公众、编办工作人员与政府行政工作人员都对权力运行过程的规范性认可程度较高，反映了权责清单实施以来公职人员对于权力运行的规范性更加重视，权责清单较好地约束了公职人员权力滥用现象，减少了主观性，削弱了随意性。

三、标准化和便民服务的能力显著提升

权责清单实施以来推动了简政放权，深化了行政审批制度的改革，下移了行政管理重心，构建了权责匹配的制度体系，大大激发了市场活力。截至 2019 年 11 月底，31 个地方政府已经全部按照规范化、标准化、集约化的建设要求，构建了覆盖省、市、县三级以上的一体化网上政务服务平台，实现了 300 余万项政务服务事项和一大批高频热点服务应用的标准化服务，满足了企业和群众多层次多样化政务服务需求。截至 2019 年 12 月，18 个地区构建了省、市、县、乡、村五级网上政务服务体系，比 2018 年增加了 6 个地区，占比为 56.25%，实现了政务服务的"多层纵向贯通、多面横向联通"，推动了政务服务平台从分头建设向集中管理、从信息孤岛

到协同共享的转变。全国一体化政务服务平台已初步建成并上线试运行，面向企业和群众提供了统一身份认证、统一证照共享、统一事项管理、统一好差评等"七个统一"服务，为全国政务服务提供公共入口、公共通道、公共支撑，有效推进了全国政务服务"一网通办"，取得了阶段性重要进展和初步成效。

（一）统一政务服务事项体系化

国家平台梳理政务服务事项国家基本目录 1714 条，规范基本目录要素 10 项，建立了统一的事项基本目录体系，为简政放权提供了基数，同时依托一体化平台，指导地方梳理实施清单、规范实施清单要素 213 项。目前，各地区各部门整理实施清单 320.63 万条。其中，32 个地区汇聚实施清单 316 万条，46 个部门汇聚实施清单 4.63 万条，为地方政府公开、透明、规范行使权力奠定了基础。

（二）事项要素编码规范化

国家平台通过颁布事项编码和要素标准，实现事项标准化管理。在此基础上，推行政务服务事项的"四级四同"工作，即国家、省、市、县的事项名称、事项编码、事项类型和设定依据均应保持相同，为政务服务事项统一下放和取消管理提供支撑。目前，事项标准化已取得一定成效。从行政许可事项标准化推进的情况看，各地区省、市、县三级对应国家基本目录比例超过 80%的地区数量分别为 19 个、18 个和 17 个。其中，10 个地区省、市、县三级对应比例均超过 90%，事项标准化成果显著。各地区行政许可事项与国家基本目录对应的比例分布如图 6-1 所示。

（三）事项内容透明化

2018 年，省级政务服务事项办事指南发布量比 2017 年翻了一番，如图 6-2 所示，2018 年各地区大力推进政务服务事项"应上尽上"，省级政务服务平台的事项供给能力大幅提升，政务服务事项指南总数量比 2017 年增加了 53663 项，增幅达 98.57%，平均数量增加 1677 项。

• 第六章　地方政府权责清单制度成效实证分析

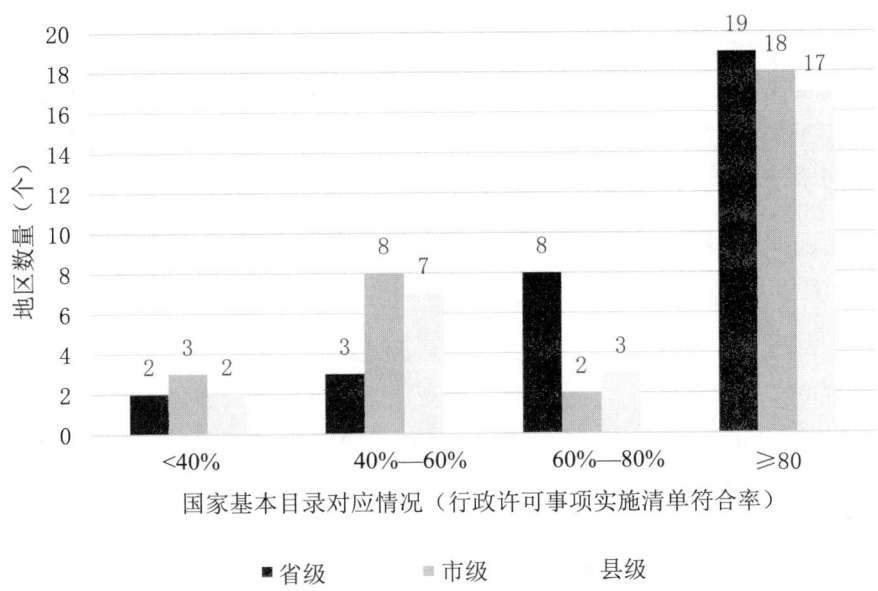

图 6-1　部分地区行政许可事项与国家基本目录对应的比例分布图

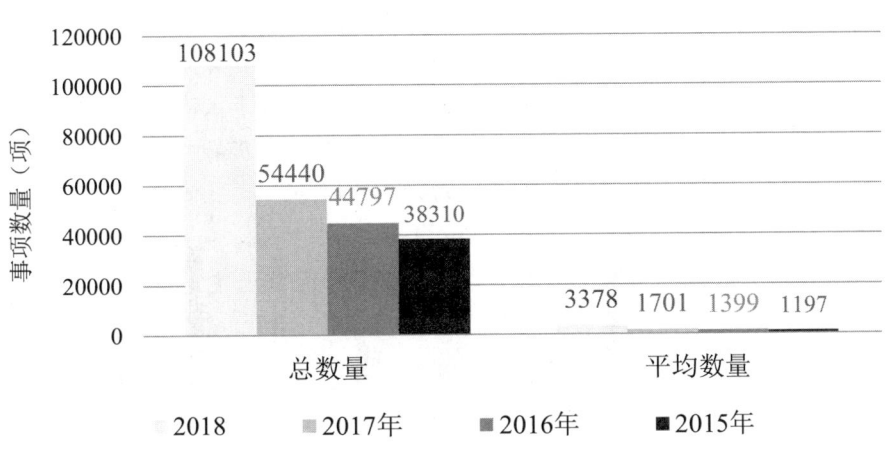

图 6-2　历年行政政务服务事项指南发布数量对比

（四）服务事项"减时间"

通过分析国家平台汇聚的实施清单中事项的承诺办结时限和实际办理

时间，研究各类型、各地区、各领域事项的办理时限总体现状和时间压减情况，为事项办理"减时间"提供参考依据。

从全国依申请类事项的承诺办结时限来看，超过 1/4 的事项承诺办结时限小于 1 天，超过 1/3 的事项承诺办结时限小于 3 天，超过一半的事项承诺办结时限小于 7 天，如图 6-3 所示。

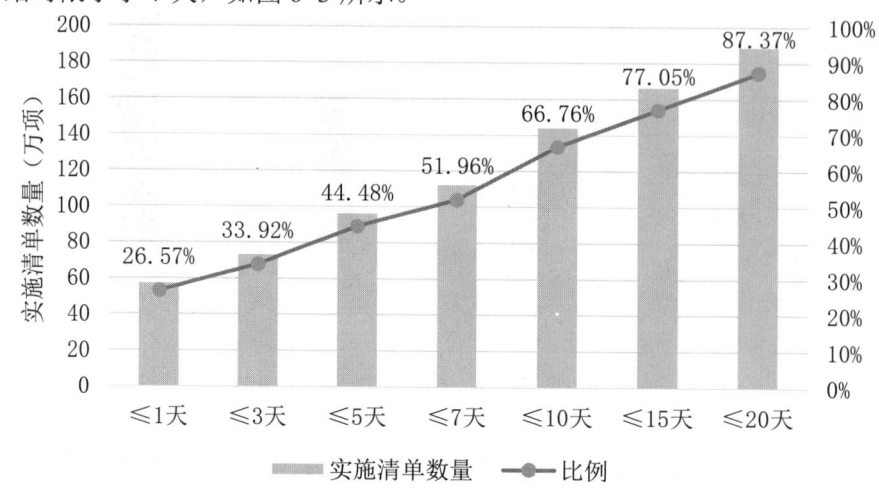

图 6-3　全国依申请类事项承诺办结时限分布区间

从各层级行政许可事项的实际办理时间看，如图 6-4 所示，总体来说，县级事项的办理时间最短，87.89%的县级事项可以在 1 天内办完，93.07%的县级事项可以在 3 天内办完；省级事项的办理时间总体较长，可在 1 天和 3 天内办完的省级事项比例分别为 49.59%和 60.17%。

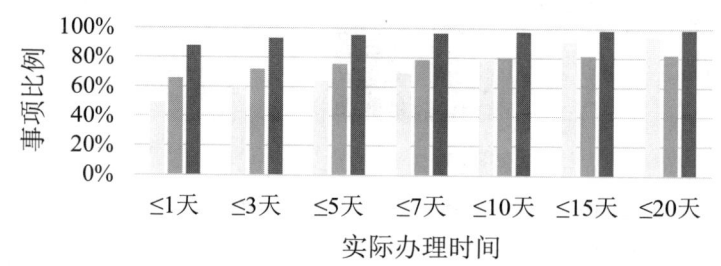

图 6-4　全国省、市、县级行政许可事项办理时间分布区间

第三节　权责清单制度的输入标准评价

权责清单制度的输入标准主要是指制度相关人对于制度的态度、要求及其表达，可以概括为制度相关人对制度实施的承认和参与。

一、获得感显著提升

政府行政权力事项将进一步精减和优化，非行政许可审批类别将全面取消，实现政府的持续"减权瘦身"。例如，三门峡市将公共服务事项纳入清单范围，有效提高了服务质量和效能，其共出台了行政职权清单、内部管理事项清单和公共行政服务事项清单"三张清单"。兰考县标准化工作实施以来，通过优化流程，123项行政审批事项的前置条件减少了178项，审批环节减少了153个，审批时限比法定时限缩短了2125个工作日，比优化前承诺办理时限缩短了868个工作日。以兰考县仪封乡代庄村为例，其积极探索为人民服务的工作机制，充分利用村级便民服务点，把一张纸、一张卡、一个信箱作为人民服务的基础，把明白纸、便民服务卡发放到每家每户，定期查看便民服务信箱。村干部实行轮流值班，群众有事可以上网查询，直接咨询上级有关部门，也能到便民服务点办理。

（一）总成本降低

由表6-6"公众对目前办理行政事务总体成本是否降低的态度分布"结果可知，在有效的686份样本中，37.2%的公众"十分认同"办理行政事务的总体成本降低了，51.7%的公众"比较认同"办理行政事务的总体成本降低了，10.6%的公众"不太认同"该说法，0.4%的公众"完全不认同"该说法。认同目前办理行政事务总体成本降低的公众占有效样本的88.9%。这反映了绝大部分公众认同总体成本降低，仅有极少数公众对该说法持消极态度。

表6-6　公众对目前行政事务总体成本是否降低的态度分布

变量	选项	频次	有效百分比	累计百分比
有效值	十分认同	255	37.2	37.2
	比较认同	355	51.7	88.9
	不太认同	73	10.6	99.6
	完全不认同	3	0.3	100.0
	合计	686	100.0	—
缺失值		280	—	—
合计		966	—	—

（二）公众获得感提高

表 6-7　公众对政府行政工作人员行为的满意程度与区域之间的交叉分析

区域	变量	人员行为评价				合计
		非常满意	一般	比较不满意	非常不满意	
东部地区	频数	156	51	13	6	226
	频数在本区域内所占比例	69.0%	22.6%	5.8%	2.7%	100.0%
	频数在总体样本中所占比例	22.7%	7.4%	1.9%	0.9%	32.9%
中部地区	频数	259	86	36	8	389
	频数在本区域内所占比例	66.6%	22.1%	9.3%	2.1%	100.0%
	频数在总体样本中所占比例	37.8%	12.5%	5.2%	1.2%	56.7%
西部地区	频数	40	21	8	2	71
	频数在本区域内所占比例	56.3%	29.6%	11.3%	2.8%	100.0%
	频数在总体样本中所占比例	5.8%	3.1%	1.2%	0.3%	10.3%
合计	频数	455	158	57	16	686
	频数在总体样本中所占比例	66.3%	23.0%	8.3%	2.3%	100.0%

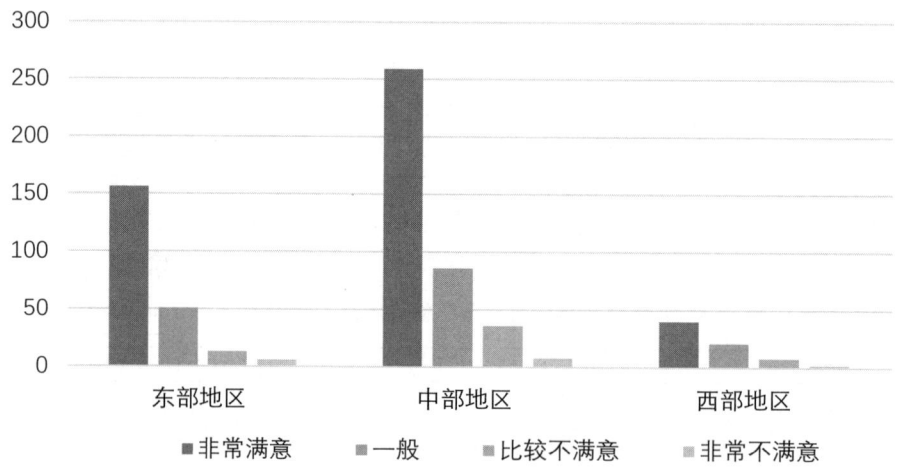

图 6-5　不同地区公众对政府行政工作人员行为的满意程度

第六章 地方政府权责清单制度成效实证分析

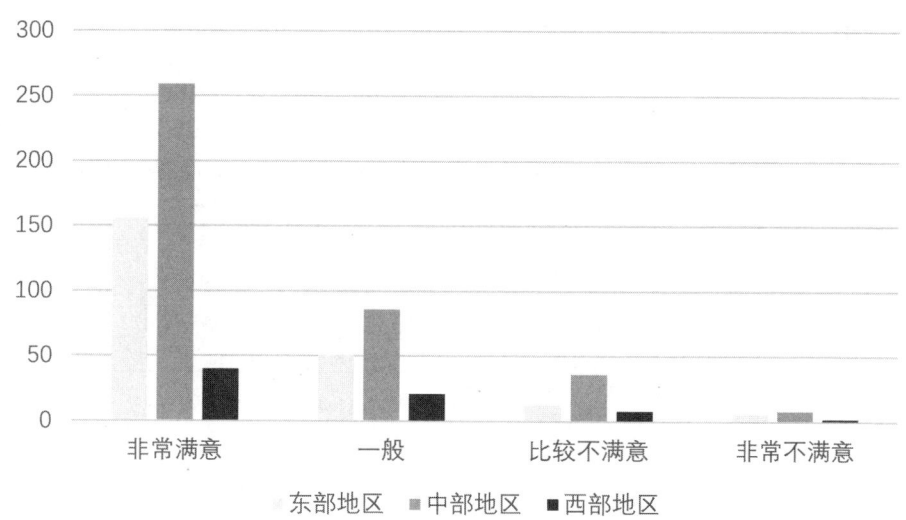

图 6-6　公众对政府行政工作人员行为不同满意程度在各地区的分布

从表 6-7、图 6-5 地域层面来看，东部地区的样本为 226 个，有 156 个样本对近几年政府行政工作人员的行为评价非常满意，占东部地区样本的 69%；中部地区的样本为 389 个，有 259 个样本对近年政府行政工作人员的行为评价非常满意，占中部地区样本的 66.6%；西部地区样本为 71 个，有 40 个样本对近年政府行政工作人员的行为评价非常满意，占西部地区样本的 56.3%。东部与中部地区持中立态度的样本均在 20%至 30%之间，而西部地区的比重将近 30%。相对来说选择"比较不满意"和"非常不满意"的样本也是西部地区占比最大，总计为 14.1%，东部地区为 8.5%，中部地区为 11.4%。由此可见，不同地区的公众对政府行政工作人员的行为评价总体满意度较高，尤其是东部地区，满意程度比西部地区高了约 13%。在三个地区中，东部地区的满意度最高，中部次之，西部最低。可见，权责清单制度的推行在全国都取得了较大的成效，但未来依旧需要改进，尤其是西部地区，还应当进一步落实权责清单制度。

从表 6-7、图 6-6 评价结果的维度来看，公众整体上对近几年政府行政工作人员的行为评价"非常满意"的样本有 455，占总体样本的 66.3%。从整体上看，在全国范围内，公众对于近几年政府行政工作人员的行为评价满意程度较高，不满意样本总体仅占约 10%。在这些不满意的样本中，仅有 2.3% 为"非常不满意"，足以说明公众对政府行政工作人员的总体行为评价满意度较高。

（三）行政工作人员认同度较高

表 6-8　政府行政工作人员对权责清单有效程度的判断与区域之间的交叉分析

区域	变量	人员行为评价				合计
		非常有效	比较有效	比较无效	非常无效	
东部地区	频数	49	59	9	4	121
	频数在本区域内所占比例	40.5%	48.8%	7.4%	3.3%	100.0%
	频数在总体样本中所占比例	9.4%	11.4%	1.7%	0.8%	23.3%
中部地区	频数	88	128	25	9	250
	频数在本区域内所占比例	35.2%	51.2%	10.0%	3.6%	100.0%
	频数在总体样本中所占比例	17.0%	24.7%	4.8%	1.7%	48.2%
西部地区	频数	17	103	26	2	148
	频数在本区域内所占比例	11.5%	69.6%	17.6%	1.4%	100.0%
	频数在总体样本中所占比例	3.3%	19.9%	5.0%	0.4%	28.5%
合计	频数	154	290	60	15	519
	频数在总体样本中所占比例	29.7%	55.9%	11.5%	2.9%	100.0%

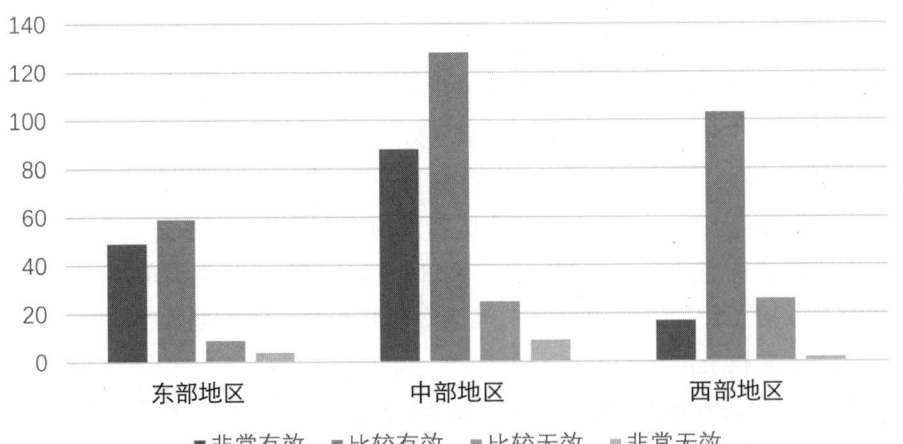

图 6-7　不同地区政府行政工作人员对权责清单有效程度的判断

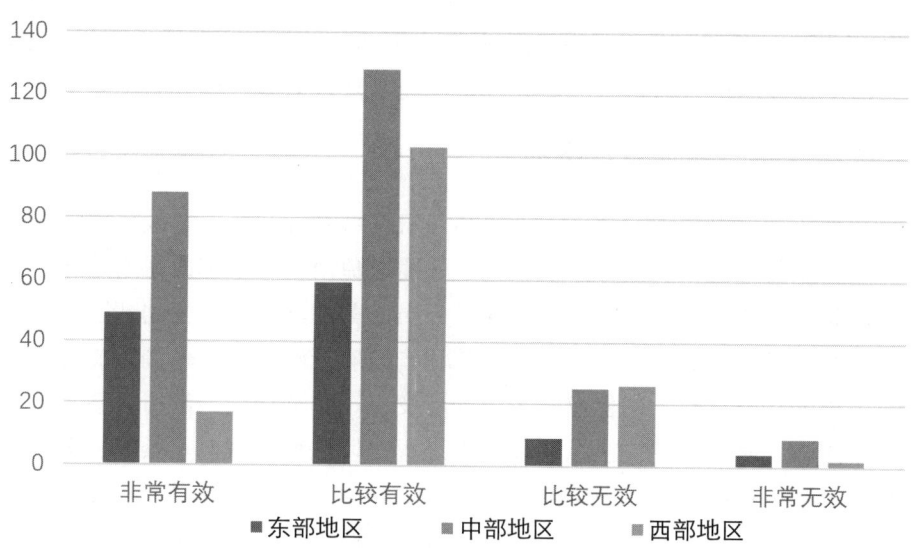

图 6-8 政府行政工作人员对权责清单有效程度的判断在各地区的分布

从表 6-8、图 6-7 地域层面来看，东部地区的样本为 121 个，有 108 个样本对权责清单总体的运行状况持积极态度，其中选择"非常有效"和"比较有效"的样本分别占东部地区样本的 40.5%和 48.8%；中部地区的样本为 250 个，有 216 个样本认为权责清单的运行是总体有效的，"非常有效"和"比较有效"的样本分别占中部地区样本的 35.2%和 51.2%；西部地区样本为 148 个，有 120 个样本认为权责清单的总体运行状况有效，选择"非常有效"和"比较有效"的样本分别占西部地区样本的 11.5%和 69.6%。由此可见，不同地区的政府行政工作人员认为权责清单制度的总体运行状况较为有效。然而三个地区认为权责清单制度运行无效的比重均超过了 10%，尤其是西部地区，比重将近 20%。相比较而言，权责清单在东部地区的运行状况最好，中部地区次之，西部地区最差。从中可以看出，虽然目前权责清单在全国的运行状况较为良好，但是依旧存在较大的发展空间，尤其是西部地区还需进一步改进和完善。

从表 6-8、图 6-8 评价结果的维度来看，认为近几年权责清单运行状况有效的样本有 444 个，占总体样本 85.6%。而认为其无效的样本为 75 个，占总体样本的 14.4%，其中认为"非常无效"的样本仅为 2.9%。因此从整体上来看,全国的政府行政工作人员对当前权责清单的总体运行状况持积极态度,权责清单制度的推行取得了一定成效,但是未来依旧具有较大的发展空间。

二、法律与责任意识增强

随着权责清单的法律地位逐步提高,机构编制部门负责行政权力事项制定,政务服务部门负责具体办事流程,从而避免出现行政部门无所适从、出现问题相互扯皮等现象。权责清单编制人员应关注法律法规变动情况,依据法律、法规等修改废释情况以及国务院和省政府行政审批工作调整文件进行权责清单的动态调整,确保权责清单同步变更、精准适用。政府行政工作人员在运用权力时,应更加注意职权运用过程,以法律法规以及具有相关法律依据的权责清单的要求规范、约束自身行为。

表6-9 政府行政工作人员对权责清单利于自我监督意识与责任感的态度分布

选项	频次	有效百分比	累计百分比
十分认同	188	36.2	36.2
比较认同	270	52.0	88.2
不太认同	55	10.6	98.8
完全不认同	6	1.2	100.0
合计	519	100.0	—

由表6-9可知,在"政府行政工作人员对权责清单制度的实施是否有利于提高工作人员的自我监督意识和责任感的态度分布"的调查中,"十分认同"权责清单制度的实施有利于提高工作人员的自我监督意识和责任感的政府行政工作人员占36.2%,"比较认同"的政府行政工作人员占52.0%,"不太认同"的政府行政工作人员占10.6%,"完全不认同"的政府行政工作人员占1.2%。认同权责清单的实施具有提高工作人员的自我监督意识和责任感的政府行政工作人员占有效百分比的88.2%,这反映了绝大部分政府行政工作人员认同权责清单的实施能够有效提高工作人员的自我监督意识和责任感。

三、效率普遍改善

权责清单制度实施以来,对各项问题进行了清晰的说明和要求,切实方便群众查找和单位认领,提高了政府行政工作人员的工作效率。

表 6-10 公众完成事务办理的最长周期分布

变量	选项	频次	有效百分比	累计百分比
有效值	一周内	342	49.9	49.9
	一周到一个月	224	32.7	82.6
	一个月到三个月	78	11.4	94.0
	半年到一年	25	3.6	97.6
	一年到两年	6	0.8	98.4
	两年以上	11	1.6	100.0
	合计	686	100.0	—
缺失值	—	280	—	—
合计		966	—	—

由表 6-10 可知,在"从准备材料到最终结束,您或者您身边的人最近一年内最久的一次大概用了多久的时间"的问题分析调查中,选择"一周内"就能办完的样本有 49.9%,一周到一个月之内的样本有 32.7%,一个月到三个月之内的样本有 11.4%,半年以上的样本仅为 6.0%。由此可见,公众办理事项最长周期基本为一个月之内,效率得到显著提升。

表 6-11 公众对政府部门办事周期的感知分析

变量	选项	频次	有效百分比	累计百分比
有效值	十分认同	268	39.1	39.1
	比较认同	374	54.5	93.6
	不太认同	41	6.0	99.6
	完全不认同	3	0.4	100.0
	合计	686	100.0	—
缺失值	—	280	—	—
合计		966	—	—

由表 6-11 可知,在"是否认同政府部门办事周期比以前缩短"的问题分析调查中,选择"比较认同"的人数最多,占比 54.5%,"十分认同"次之,

占比39.1%,总体认同程度为93.6%;选择"不太认同"与"完全不认同"的人数较少,分别为6.0%和0.4%。由此可知,自权责清单制度推行以来,公众的办事周期得到了有效缩短,很大程度上节约了公众办事的时间成本。

表6-12 公众对政府行政工作人员办事效率的感知分析

变量	选项	频次	有效百分比	累计百分比
有效值	十分认同	265	38.6	38.6
	比较认同	378	55.1	93.7
	不太认同	41	6.0	99.7
	完全不认同	2	0.3	100.0
	合计	686	100.0	—
缺失值	—	280	—	—
合计		966	—	—

由表6-12可知,在对"是否认同政府行政工作人员行政效率比以前提升"的调查中,有93.7%的公众对该问题持积极态度,其中"比较认同"的占55.1%,"十分认同"的占38.6%;仅有6.3%的公众持消极态度,其中选择"完全不认同"的人数占比仅为0.3%。由此可知,权责清单制度的推行很大程度上提高了政府行政工作人员的办事效率,除个例之外,公众均能在办事过程中获得效率提升带来的满足感。

表6-13 政府行政工作人员对行政效率的感知分析

选项	频次	有效百分比	累计百分比
十分认同	159	30.6	30.6
比较认同	260	50.2	80.8
不太认同	92	17.7	98.5
完全不认同	8	1.5	100.0
合计	519	100.0	—

由表6-13可知,在"是否认同行政效率提升"的问题调查中,有30.6%的政府行政工作人员认为目前行政效率较以往取得了巨大提升,有50.2%的政府行政工作人员比较认同该观点;同时还有17.7%的工作人员"不太认同"

该观点，1.5%的工作人员"完全不认同"的观点。由此可知，在政府行政工作人员的认知中，权责清单推行以来自身以及部门其他人员的行政效率都得到了较为明显的提升，但也有部分政府行政工作人员认为制度的推行并未取得成效。

同公众数据进行对比可知，认为行政效率并未提升的政府行政工作人员相较于公众高出了约13%。由此可知，权责清单的推行在客观上的确提高了政府行政工作人员的行政效率，并且能带给公众切身的体会。但是政府行政工作人员中的一部分人依旧认为行政效率还具有较大的提升空间，权责清单制度还应当在未来继续发展推行。

表6-14 编办工作人员对于权责清单带来行政效率提升的态度分布

选项	小计	比例
反对	3	1.89%
中立	13	6.67%
赞同	179	91.44%
本题有效填写人次	195	100%

由表6-14可知，在"权责清单对于提升政府行政效率，规范权力运行，便民办事起到了很大帮助"的问题调查中，选择"赞同"的人数为179人，占有效问卷的91.44%；仅有3人持反对态度，占有效问卷的1.89%；持中立态度为13人，占有效问卷的6.67%。上述结果表明，权责清单的积极效应及落实情况得到了充分认可，便于政府行政工作人员更规范、恰当地行使和运用职权，真正将权力用于服务人民、方便百姓，提高处理行政事务的效率。

第七章　地方政府权责清单制度实施存在的问题及改进措施

第一节　权责清单制度存在的问题

基于本研究的访谈，针对"权力清单、责任清单在制定流程、执行流程、反馈修改流程和纳入、撤出清单流程的规范性如何？还存在哪些问题"，课题组对相关访谈资料进行开放性编码，如图 7-1 所示，在编制 4 级 53 个编码后宣布核心范畴饱和。编制过程中课题组发现了"动态调整过程规范化""监督机制贯彻制定全过程""工作人员安于现状""负责部门推诿拖沓""清单地域差异化""上级指导与下级制定相脱节""权责清单重制定而轻执行"7 个核心概念。核心概念涌现后课题组认为，虽然权责清单全过程趋于规范，但宏观上的流程、程序的规范不代表在微观操作与实施中就能有序无误地进行，因而最终发现"权责清单全过程下规范性与无序性并存"这一核心范畴。

如对 HB 市 Q 县委编办工作人员的访谈就提到了某些部门存在消极态度，工作十分被动，上下级政府缺乏相应沟通，这使得"负责部门推诿拖沓"和"上级指导与下级制定相脱节"这一核心概念涌现。（见表 7-1、图 7-1）

表 7-1　"权责清单全过程下规范性与无序性并存"部分编码过程

访谈数据	编码
HB03：权责清单在制定流程、执行流程、反馈修改流程和纳入、撤出清单流程的过程中，存在个别部门态度消极，不能主动承担相关工作的情况，市、县对口部门之间缺乏沟通交流，导致上下清单不一致，流程不一样。希望各部门能重视本部门权责清单的梳理工作，严格按照省、市对口部门的权责事项进行梳理	个别部门态度消极 工作被动、推诿拖沓 上下级政府之间缺乏有效沟通

第七章 地方政府权责清单制度实施存在的问题及改进措施

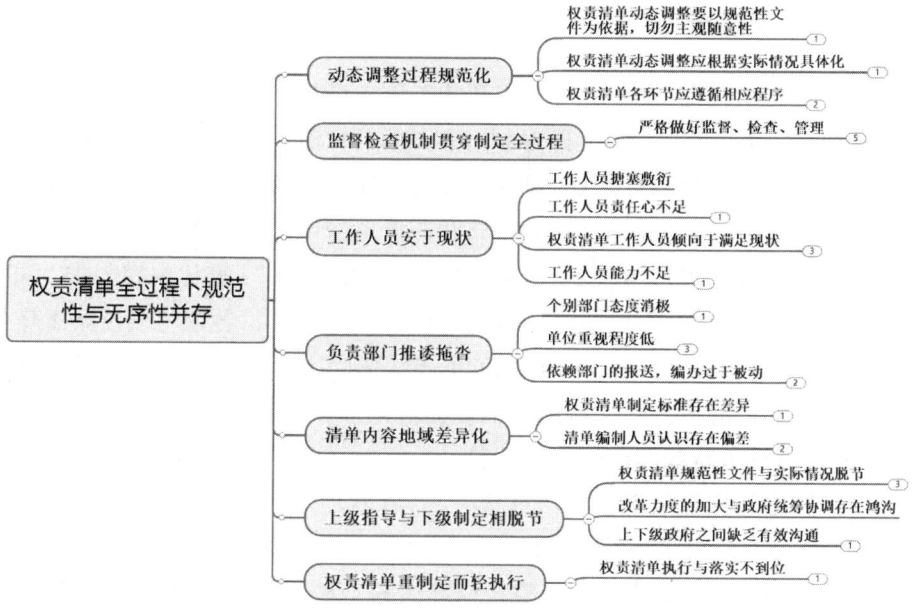

图 7-1 "权责清单全过程下规范性与无序性并存"开放性编码

选择性编码阶段（见图 7-2）将 7 个核心概念分为规范性与无序性，并发现了其中的动因，即"上下级协调不力"。上下级间缺乏有效沟通与指导，导致下级工作人员缺乏对清单系列工作的经验，盲目的工作产生了积极性的下降与负面情绪的产生等问题，加剧了在宏观流程规范与微观无序之间的矛盾。

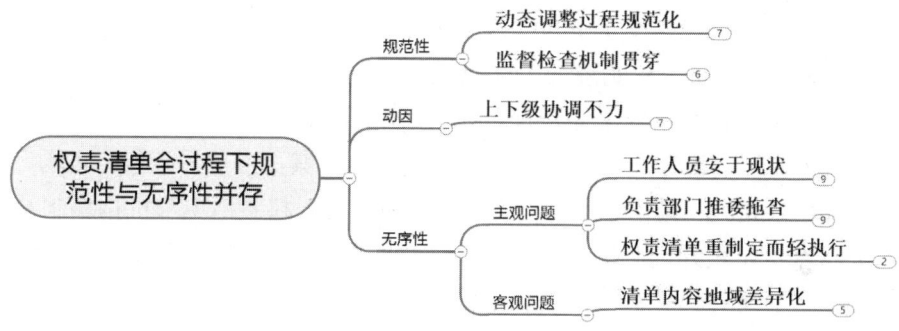

图 7-2 "权责清单全过程下规范性与无序性并存"选择性编码

一、理念层面

强化宣传和教育，提升政府部门及其工作人员推行权责清单制度的积极性和主动性，注重清单普及度，确保制度有效执行。清单的普及程度能够影响其对政府产生的约束力和对群众的服务力，对倒逼机制的形成也有一定的决定性作用。因此在完善清单的基础上，充分发挥清单作用的首要条件就是全面普及清单。这需要强调"广、深、远"，即宣传对象力求"广"、宣传内容力求"深"、宣传成效力求"远"，不仅要提高机关事业单位知晓率、各项考核监察工作使用率，更要提高企业和群众的知晓率，同时积极运用"互联网+"，促使群众真正从内涵上把握清单内容，从运用上便捷群众办事。

（一）对权责清单存在的认识偏差

在探索推进权责清单制度的过程中，"清单之外无权力"产生了一种导向性错误，部分行政机关在作出行政行为时并没有依据清单本身，而是依据相关权力的法律条款，权责清单只是整合梳理后的一种分类。"依清单行政""清单之外无权力"则忽视了行政权力背后真正的法律依据。一些行政工作人员在行使权力、履行职责的过程中，往往为清单内容所局限或是产生"清单说了算"的认知，这是对"清单之外无权力"的过分解读。权力与责任相互依存，权力应是政府能有效履行职责的工具，但是随着责任的界定范围越来越广，界定标准愈发模糊，如道义责任等，政府的职责宽泛而权力相对狭窄。

（二）权责清单与机构编制法定化关注点差异

权责清单从一般角度来说只关注了外部的行政行为，也就是面向公民或其他组织的职权。权责清单制度的关注点应是对权力活动方式的调整和规定，而不是从整体上对权力进行全面梳理，因此权责清单对内部的行政行为是无法涉及的。而机构编制法定化则与权责清单有所差别，其面向的是职权、机构、编制等内容的法定化，是内部的行政行为。换以言之，权责清单与机构编制法定化的关注点存在差异，前者关注外部组织行政行为，而后者着眼于内部组织行政行为，目前两者仍处在分离的轨道上。

（三）民众参与度缺失，认同感不高

根据相关指导意见，权责清单是在地方各级政府党委与政府的领导下，机构编制部门和政府法制部门完成清单的编制与统筹，再通过政务服务网站或政

府门户网站进行公开。①政府部门仅从自身角度对权力进行梳理，难免会陷入自由裁量的困境。在对 YC 县委编办人员进行访谈的过程中课题组发现："上级有时候不切群众需求实际，出台的政策没有解决群众问题。"权力属于人民，将各级人民代表大会作为推进权责清单制度的主体，这是人民当家作主的体现，也是提高合法性基础的必然要求。②然而部分政府部门在推行权责清单制度的过程中，主体参与存在单一性，民众参与度的缺失导致现实中权责清单认可度不高。

（四）规避意识滋生

由表 7-2 可知，25.4%的政府行政工作人员"十分认同"目前存在行政机关工作部门为规避自身的责任风险而增加无用程序和流程的现象；45.5%的政府行政工作人员"比较认同"存在该现象；21.2%的政府行政工作人员"不太认同"存在该现象；7.9%的政府行政工作人员"完全不认同"存在该现象。认同存在行政机关工作部门为规避自身的责任风险，而增加无用程序和流程这一现象的政府行政工作人员占有效百分比的 70.9%，这反映了大部分政府行政工作人员有意识地利用这种方式来规避权力行使过程中的风险。

表 7-2　政府行政工作人员对政府机关是否存在规避风险现象的态度分布

选项	频次	有效百分比	累计百分比
十分认同	132	25.4	25.4
比较认同	236	45.5	70.9
不太认同	110	21.2	92.1
完全不认同	41	7.9	100.0
合计	519	100.0	—

由表 7-3 可知，25.0%的政府行政工作人员"十分认同"目前存在行政机关工作人员通过不办事来规避自身责任的现象；39.5%的政府行政工作人员"比较认同"存在该现象；23.0%的政府行政工作人员"不太认同"存在该现象；12.5%的政府行政工作人员"完全不认同"存在该现象。认同目前存在行政机

---

① 陈奇星，容志. 转变政府职能与服务型政府建设[M]. 上海：上海人民出版社，2014.
② 赵勇，马佳铮. 大城市推行权力清单制度的路径选择——以上海市 Y 区为例[J]. 上海行政学院学报，2015，16（2）：12-19.

关工作人员通过不办事来规避自身责任这一现象的政府行政工作人员占有效百分比的64.5%，这反映了政府行政工作人员存在通过"不作为"来避免担责的现象。

表7-3 政府行政工作人员对工作人员是否存在规避自身责任现象的态度分布

选项	频次	有效百分比	累计百分比
十分认同	130	25.0	25.0
比较认同	205	39.5	64.5
不太认同	119	23.0	87.5
完全不认同	65	12.5	100.0
合计	519	100.0	—

风险规避与责任规避的现象存在反映了权责清单在实施过程中可能导致政府行政工作人员因责任明确而畏惧担责。权力的行使与责任的承担是对等的，而通过"不作为"或增加无用程序以逃避责任，本身就是一种失职。权责清单实施的本意应当是让政府工作人员明确自身职责，减少推诿扯皮，然而职责的明晰却给一些公职人员埋下了规避意识的隐患。

二、制度层面

（一）伴随机构改革相对应的政府职责调整

一是党政群机构重叠、职责交叉重复问题依然存在。当前，人社部门和组织部门在公务员管理、事业单位人员管理、工资、人才引进、专业技术人员管理、培训教育等方面还存在职能交叉的现象。

二是"政事不分"现象依然比较突出。事业单位承担行政职能、事业单位与行政单位人员混编混岗、事业单位人员执法等问题还比较突出。

三是条块关系还需要进一步理顺，部门职责分散、权责脱节现象依然存在。一些部门变垂直管理后，地方权责不匹配，开展工作受到较大制约，部分事项统筹协调难度加大。比如，仅城市噪声污染、光污染等问题，就有环保、城建、公安、办事处等多个部门管理。这些都是部门职责协同的难点、堵点和空白点。

四是职能配置方面。近年来"放管服"改革"放"的效果不断显现，但事中事后监管仍需加强，监管方式相对单一。在之前的改革中，一些部门将重心往往放在对部门权力的调整上,而对权力所带的责任鲜有明确规定,这也带来一些问题:重权不重责,要权不要责,失职无法追究责任。

五是部分承接事项有难度。审批事项由上级政府下放的过程中,有的未涉及与之相匹配的审批标准和程序,致使各部门在实际运用时存在差异;有的上级政府与下级政府缺乏沟通,承接过程中没有顾及下级政府的承接能力,没有下放配套资源和人才补充,导致部分事项下放与承接存在隔阂。

六是对取消的行政职权监管不到位。对取消审批的事项,当前大部分主管部门对监管力度不够,往往一纸文件取消了之,缺乏相应监管,即便后续出台监管措施,往往难以落实到位。

七是市县拥有的事权与承担的责任不匹配,乡镇权责不对等现象长期得不到解决。乡镇政府承担的"属地责任",执法权在上级,但拆除、维稳、信访等工作都是乡镇负责。同时,基层干部年龄结构老化、人员断层现象普遍,年轻干部流失严重,很多基层干部通过考试、调动和借调等形式离开基层。

(二)"三定"规定编制存在的问题

"三定"规定更多的是笼统规定和指示,在实际中运用有难度,其基本是从上向下套,下级部门的"三定"规定是上级部门的翻版。FQ 区的编办工作人员就认为,"三定"规定对职能范围写得比较笼统,可参考性有局限。"三定"规定存在以下问题。一是重静态管理、轻动态管理。只是对部门组织三要素(机构、职能、编制)的静态描述,未对部门组织予以全面(全程)规范。比如,"三定"规定的实体内容并未涉及组织的运行程序和决策制度。"职责"是"三定"规定的核心,一旦法定"职责"发生调整(包括转移、取消等),从理论上讲其他资源配置应当是同步"联动"的,而"三定"规定不能满足现实行政的动态需要。二是各部门的"三定"规定虽然都汇总到编制办并得到政府审定,但其都是由各部门起草,虽然体现了部门的整体性,但缺乏全国(或地方)统一性和整体性。目前,全省各地公布的权责清单数量以及事项的名称、类别、编码的基本要素不一致,相差较大,尤其是在当前形势下,不利于网上运行和管理,更不利于运用和执行。

(三)机构编制管理的科学化和精细化有待提升

一方面,目前编制管理存在重微观运作、轻宏观调控。一是地区间机构编制资源配置不均衡,如南阳市唐河县人口 140 万人,桐柏县人口 43 万人、西峡县 45 万人，各县承担的社会管理和公共服务的任务不同，但是机构编制资源相差不大，"不能大县小县一个样、人多人少一个样"。二是机构编制管理的"单位化"问题突出。由于财政部门按编制核拨经费，"增编主动、减编被动"的现象比较普遍。有的部门闲置大量编制不能充分利用，有的部门有机构无编制，部分地方尝试撤销一些职能弱化的单位、收回编制，但由于人员分流难度大，最终不了了之。三是机构编制与职能调整不匹配。职能弱化的机构没有及时调整，同时一些需要加强的领域机构和职能没有相应加强。比如，大部分计生部门重心转向妇女围产保健和优生优育，承担的任务比从前减少了许多，但由于历史原因在基层却是机构编制最多的部门，而其他一些亟待加强的部门却无编可用。

另一方面，混岗混编现象普遍。混编混岗问题不但增加了部门成本，并且在一定程度上增加了管理难度。由于薪酬福利结构不同，事业单位人员不能享受县以下机关公务员职务职级并行的改革红利。事业单位人员参与行政执法存在不同程度的问题，执法队伍财政供给方式种类不一（全供、差供、自收自支），综合执法机构编制核定缺乏标准，综合执法改革面临人员分流安置难的问题。公务员调任、转任实施办法与当前形势不相适应，身份壁垒严格，不利于人才流动。例如，一些基层同志反映，公务员由行政编制岗位调任事业编制岗位后，如果再由事业岗位调任行政编制时，科级干部不超过 40 岁、处级干部不超过 45 岁，导致一些公务员不愿意到事业单位任职，这就造成了人才资源浪费。

（四）权责清单动态调整政策执行不力

一些单位忙于业务和事务性工作，对权责清单制度建设意义认识不足。HB 市的编办工作人员在访谈过程中提到，一些分单位对权责清单动态管理工作不够重视，虽经多次催报仍存在梳理不完全、遗漏事项的问题。在 PY 市也存在同样的问题：部分单位对调整不重视，申请不及时，个别单位需要时才申请调整，有滞后的现象。同时，不少部门把权责清单当作一项阶段性任务来完成，一经公布就束之高阁。QF 县的编办工作人员认为，一些部门存在事后督查环节薄弱的问题，对权责清单动态调整、落地生效及加强事中事后监管重要性认识不足，缺乏有效的措施。

（五）权责清单构造缺乏顶层设计，标准尺度不一

清单梳理缺乏统一规范。我国适用统一的法律法规体系，一般情况下同层

级政府部门的权力结构及数量应当大体一致。但从已公布清单的情况看，同一级政府的部门权责事项总数在不同地方差异很大。一是权责清单内容不统一。各单位、各层级因梳理标准不同，同一层级事项的名称、依据等要素不统一规范。二是权责归类标准不一致。编制权责清单以来，是按照"7+X"进行权责分类，但判断标准不一，同类行为可能会被划分到不同的权责类型中，尤其是"其他职权"难以界定。在实际实施过程中，有些部门的其他职权类别多达40项左右（如某市财政局其他职权43项、市水利局其他职权39项等）。SH区工作人员在访谈的过程中就提出了"希望尽快确定清单格式"的要求，权责清单格式的规范问题是未来权责清单制度落实过程中的一个重点。

从31个地方政府公布的权责清单分类情况来看，有"7+X""8+X""9+X""10+X"等形式。有些行政职权在不同的地域，因为缺乏统一标准，同一事项的类别不尽相同，所对应的责任环节和廉政风险也不一样。课题组在对LS县进行访谈的过程中就发现了该问题：在权责清单初步建立时，各单位相对重视，确实在一定程度上对职能部门起到了约束作用，但目前由于政务服务事项系统是全省范围内统一建立，而权责清单却是各县市区自己制定，而且政务服务事项更完整、更权威，因此各单位会更重视，它们两个在事项上存在一定的差异，造成各单位在工作上"不知以谁为准"的难题。同属一部法律所衍生出的具体行政行为，因为标准口径的问题，所以监督问责的程度和深度不相一致[1]，这与依法治国的整体框架不相符合。

（六）权责清单自身存在结构性缺陷

权责清单在建构过程中存在结构性缺陷，因而有一定的不严谨性。各种"n+X"的清单形式其实在界定逻辑上不够谨慎，如行政规划等部分行政行为并没有出现在所列的权力类型中。而其中最大的争议就是"X"这一"其他"分类方式，虽然采用"X"可以为新型新政类型和未合理命名或明确的权力留有余地，但这与清单规范化与标准化原则相悖，并且带来额外的梳理困难与整合困难，也回避了部分政务公开的内容。因此不同行政类别的设置与名称的规范化等问题便显现出来，"X"在实施的过程中将面临着许多不确定性风险和法治隐患。

---

[1] 俞杨. 权责清单制度在机构编制法定化背景下的方向和定位[J].行政科学论坛，2022（7）：36-39.

三、行为层面

本研究从部门协同、制度执行主体能力、制度执行的社会心理因素等方面提炼出以下问题。

（一）线上线下结合程度浅，部门地方贯通难，系统整合难度大

当前，政务服务线上线下相结合已经成为一种普遍选择。以行政许可事项为例，截至2019年底，全国省、市、县承诺支持网上服务的事项数量占事项总量的比例分别达到66%、60%、60%，而省、市、县承诺不见面审批的事项占事项总量的比例分别为23%、18%、16%，如图7-3所示。数据表明，大部分事项虽然具备了网上服务和支持线上办理能力，但仍需借助线下某些环节支撑来完成整个办理过程，政务服务线上线下结合程度比较浅，深度融合还有空间。

此外，在各地接入国家平台计算机端和移动端的在线应用中，查询类应用分别占95%和97%，办理类应用普遍很少，也表明现有的线上服务主要集中在办理结果简单输出，而线上线下服务渠道融合、数据整合、服务方式衔接等环节还有提升空间。

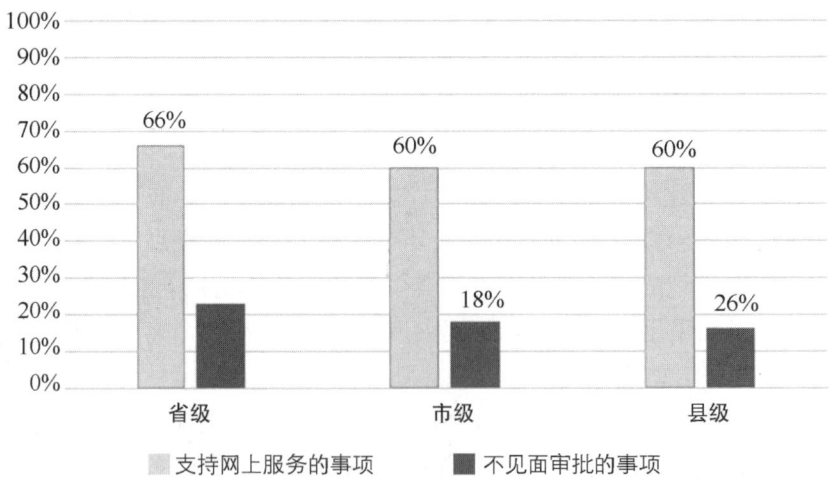

图7-3 不同城市类型对网上服务事项的态度

总的来看，地方政务服务线上线下融合难，国务院部门数据提供难度很大，部门地方贯通难，系统整合难度大。

（二）有用数据拿不到，共享数据用不上，供需矛盾突出

目前，在国务院已发布的第一、二批数据共享责任清单中，58.61%的数据共享申请量与政务服务相关。从国家平台搜集到的地方政府数据共享需求情况看，已发布的一、二批清单可满足53.93%的数据需求，还有46.07%的数据共享需求尚未满足。此外，通过全国一体化在线政务服务平台建设和对接工作，各地区在国务院已发布的第一、二批数据共享责任清单的基础上，提出了两方面新需求。一是新的数据共享字段，如公安部在第一批清单中共享了人口基础信息，包括姓名、身份证号码、性别等九个字段信息，天津等九个地方又提出了补充字段需求，申请增加籍贯、住址、是否已婚、家庭成员等内容。二是新的数据共享方式，如第一批清单中，人力资源社会保障部提供的技能人员职业资格证书信息只提供查询服务，上海市提出了核验服务的新需求。

由表7-4可知，在519份有效问卷中，绝大多数政府行政工作人员认为目前政府部门之间的信息共享存在较大的问题，其中有20.4%的工作人员持"十分认同"的观点，有50.5%的工作人员持"比较认同"的观点；但也有近30%的工作人员认为目前行政权力运行的堵点已经得到较为有效的解决，其中5.8%的工作人员认为目前政府部门内部的信息传递已经畅通无阻。由此可知，在权责清单制度推行过程中，信息共享仍存在一定障碍，某些部门为了自身利益对信息共享不配合，虽然在部分政府内部可能已经取得一定成效，但总体而言，还应进一步采取措施来解决政府行政权力运行的堵点。

表7-4 政府行政工作人员对权力运行堵点的感知分析

选项	频次	有效百分比	累计百分比
十分认同	106	20.4	20.4
比较认同	262	50.5	70.9
不太认同	121	23.3	94.2
完全不认同	30	5.8	100.0
合计	519	100.0	—

总的来说，在数据共享工作推进中，还存在部门共享数据慢、使用数据申请难、已共享数据用不上、有用数据不共享等问题，数据供需矛盾依然存在。

（三）对清单运用层面重视程度较低

权责清单可运用范围仍比较狭小，运用较好的地方也主要体现在办事流程中，清单还在一些方面未能实现其应有价值，如"权力法定、权力透明、权力监督、权界明晰、责任强化、绩效评价、改革底数等多方面的功能并未得到整体释放，制度建设的综合效应未能显现"①。权责清单陷入部分停滞的局面，与推行时的初衷相悖。

权责清单动态调整后不是当成花瓶作为摆设放在那里，而是要在平时工作中依单用权。目前有不少部门权责清单动态管理工作还是存在"形式主义"，一些权责清单管理者为了应付上级检查，不会认真按照"减环节、减材料、减时限、减费用、减中介、优流程"等要求按时动态调整权责清单内容并进行公布，对实际工作中是否真的能做到并不关注。部分权责清单执行者甚至认为调整完的权责清单不切合实际，而且也无人过问是否按照权责清单所规定的流程办理，只要给群众和企业办理完就算大功告成，也就不需要在实际工作中作出相应改变。

（四）权责清单填报质量不高

一些单位负责梳理清单的工作人员相关知识参差不齐，或对本单位业务不熟练，造成有的单位在上报事项时出现事项类别界定困难，职权名称、实施依据准确性不高，相关材料上报不全等问题。部分单位在填报过程中没有认真领会文件精神，对填报的栏目和内容理解不够，导致填报质量不高。这些问题加大了权责清单的审核难度和工作人员工作量。

（五）权责清单应用场景不足

清单运行缺乏平台应用场景。由于基础、人员、经费等方面的制约以及缺少权责清单数据库，网络平台公布也只是简单地将行政职权部门一一列出，点击单位名称才可下载表格。部门在动态调整工作时都费时费力，更不用说便民利民了。同时，群众在实际办事过程中，并没有了解权责清单的习惯，他们更多关注党务、政务、村务、财务公开等事宜。因此在目前的形势下，权责清单的应用场景还存在不足的情况。

（六）权责清单亲民程度较低

课题组在对问题"你所在的政府是否网上公布了权责清单和具体的明细，你认为群众会按照权责清单搜寻办事指南吗"的相关访谈资料进行开放式编码

---

① 梁远. 让权责清单在落地运用中结出制度硕果[J]. 中国行政管理，2018，4（8）：13-17.

· 第七章　地方政府权责清单制度实施存在的问题及改进措施

的过程中，如图 7-4 所示，该部分访谈资料相对较少，因而共编制 4 级 29 个编码后宣布核心范畴饱和，共涌现出"权责清单已普遍公之于众""权责清单对群众实用性较低""群众倾向于利用政务服务目录""权责清单宣传力度有待提高" 4 个核心概念。根据群众对于权责清单的利用程度及其公布状况之间的关系，抽象出"公布广泛性与实际亲民性间存在隔阂"这一核心范畴，并且能够较好地囊括所有子概念。

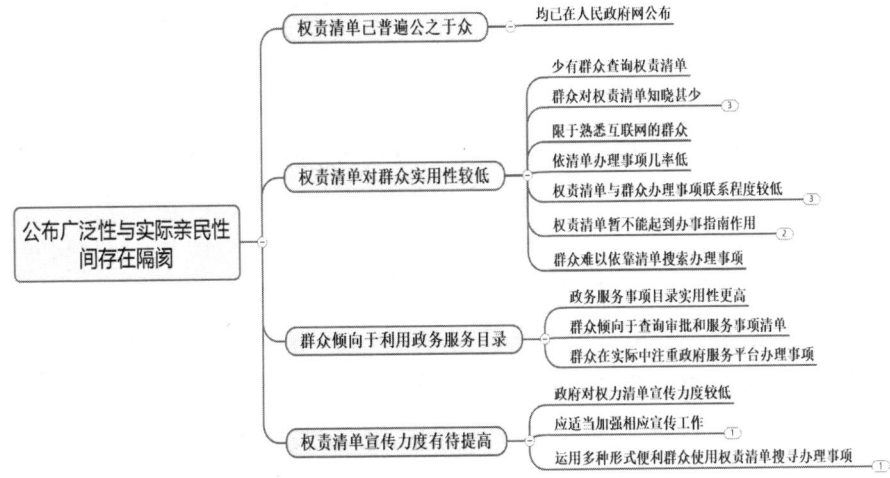

图 7-4　"公布广泛性与实际亲民性间存在隔阂"开放性编码

课题组在对 SQ 市大数据局工作人员与 XX 市 FQ 区编办工作人员的访谈中得知，群众一般不会主动查询权责清单相关事项内容，甚至连编办其他同事都没听说过权责清单，因此群众对权责清单的知晓程度甚少，而且就算有机会看到也因为清单内容的专业化而放弃对其进一步了解，以此涌现出"权责清单对群众实用性较低""权责清单宣传力度有待提高"的核心概念。

如图 7-5 所示，在选择性编码阶段，课题组将核心概念简化为三个后使核心范畴更加清晰，并将"政务服务平台实用性高"列入"亲民程度低"的概念中，作为一个重要的相对原因，整体逻辑是公布程度高与亲民程度低形成一对矛盾。

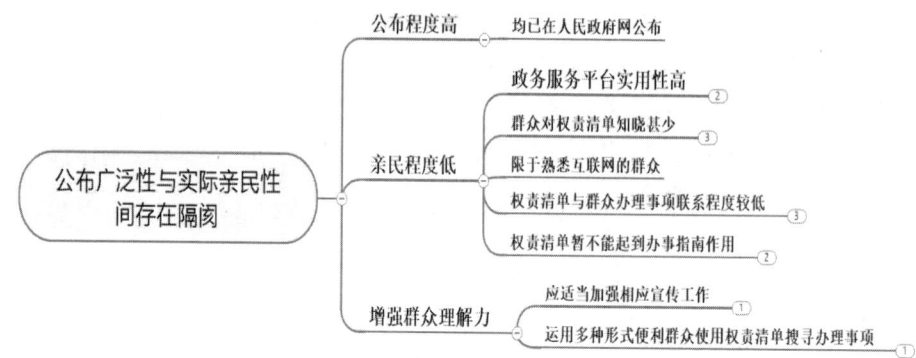

图 7-5 "公布广泛性与实际亲民性间存在隔阂"选择性编码

1. 易获取性

由表 7-5 可知,有 57.1% 的公众选择了"方便"选项。但是认为不方便获取的样本也有 42.9%,其中"比较困难"占 33.0%,"不能"占 9.9%。由此可见,政府网上信息平台的建设并未成熟,虽然有一半以上的公众能方便地查询到服务指南,但是也有将近一半的公众无法便捷获取相关信息,因此网上信息平台的建设将是未来权责清单制度落实的一个重点。

表 7-5 公众对服务指南是否容易获取的感知分析

变量	选项	频次	有效百分比	累计百分比
有效值	不能	66	9.9	9.9
	比较困难	220	33.0	42.9
	方便	381	57.1	100.0
	合计	667	100.0	—
缺失值	—	299	—	—
合计		966	—	—

2. 易理解性

由表 7-6 可知,在"所在地区行政机关提供的办事事项的服务指南是否简便易懂"的问题调查中,认为服务指南非常容易看懂的公众占比 34.9%,认为当前服务指南还并未清晰地提供信息的公众占比 57.7%,其中认为"花费时间"的占比 50%，"不容易看懂"的为 7.7%；剩下 7.4%的公众不怎么看服务指南。由此可知，当前服务指南的撰写还并未达到便民利民的程度，大部分公众还是无法从服务指南中便捷地获取信息。联系表 7-6 的数据可知，有大多数公众认为服务指南的内容难以理解。因此，服务指南的编写以及政府网上信息平台的建设还应当进一步落实。

表 7-6 公众对服务指南是否容易理解的感知分析

变量	选项	频次	有效百分比	累计百分比
有效值	不容易看懂	53	7.7	7.7
	花费时间	343	50.0	57.7
	不怎么看	51	7.4	65.1
	非常容易看懂	239	34.9	100.0
	合计	686	100.0	—
缺失值		280	—	—
合计		966	—	—

四、技术层面

（一）权责清单与政府服务网融合不够

课题组在对"谈谈你对权责清单与政府服务网的融合情况认识"的问题进行开放性编码时，共编制 3 级 42 个编码后宣布核心范畴饱和，如图 7-6 所示。共涌现出"梳理标准差异阻碍有效融合""不同清单事项难以匹配""融合需求迫切""导航引导机制引入的必要性""融合停留于表面""不同管理部门的沟通重建"6 个核心概念。在对核心概念进行分析比较后发现，权责清单与政府服务网的融合需求不断增加，梳理标准的差异由管理部门的差异引起，最终导致清单间的差异，致使权责清单与政府服务网无法有效融合。此外，还存在清单在政务服务网中体现与呈现不足的现象，"融合需求渐增亟待破除呈现与差异困境"这一核心范畴便涌现出来。

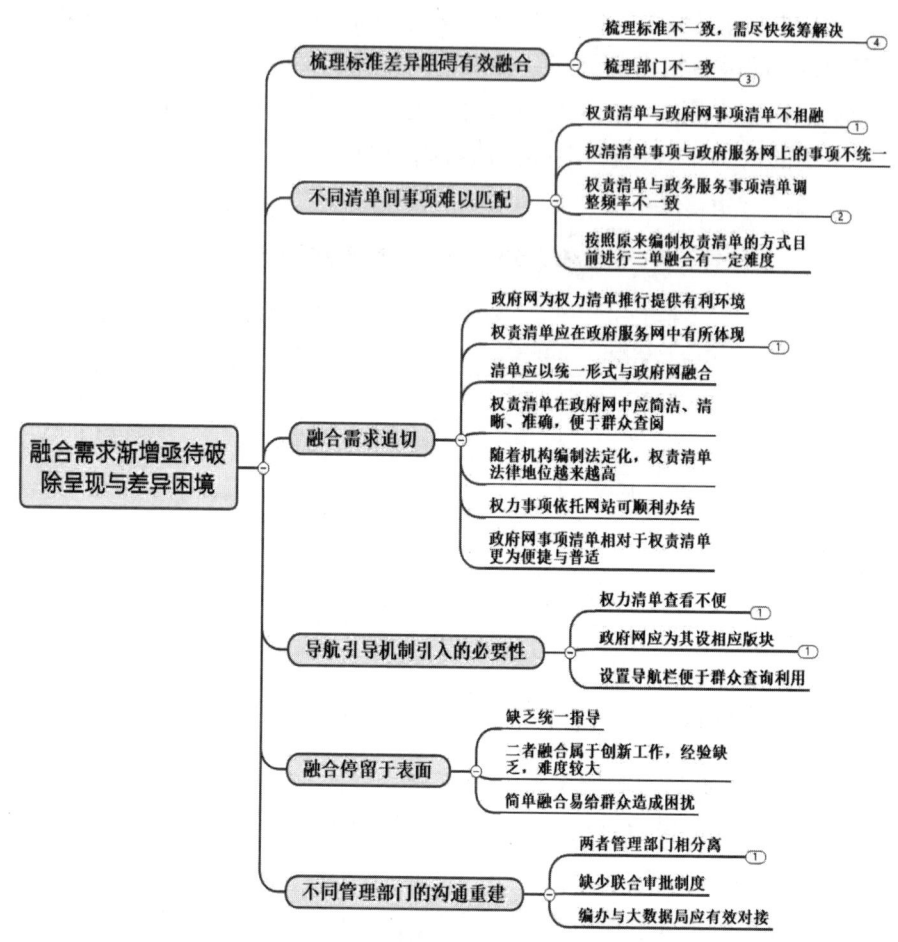

图 7-6 "融合需求渐增亟待破除呈现与差异困境"开放性编码

课题组在对 LY 市 LL 区编办工作人员访谈的过程中发现，权责清单与政府服务网的梳理标准不一致、梳理部门不一致，这种情况引起了各部门的负面情绪，编办工作人员建议将其合为一个系统便于管理协调。XX 市 FQ 区编办工作人员同样提到了梳理标准不同导致难以核定的问题，并且管理部门间缺乏有效沟通与协调。这使得"梳理标准差异阻挠有效融合""不同部门的沟通重建"核心概念涌现。

在选择性编码阶段，如图 7-7 所示，课题组主要将编码呈现逻辑转换为融合需求迫切情况下的两种困境与解决对策，即权责清单与政府服务网相融合的需求增加的条件下，融合问题的解决期望加剧，要用沟通与协调淡化差异，用导航引导机制提升呈现力，以满足融合需求渐增的现实情况。

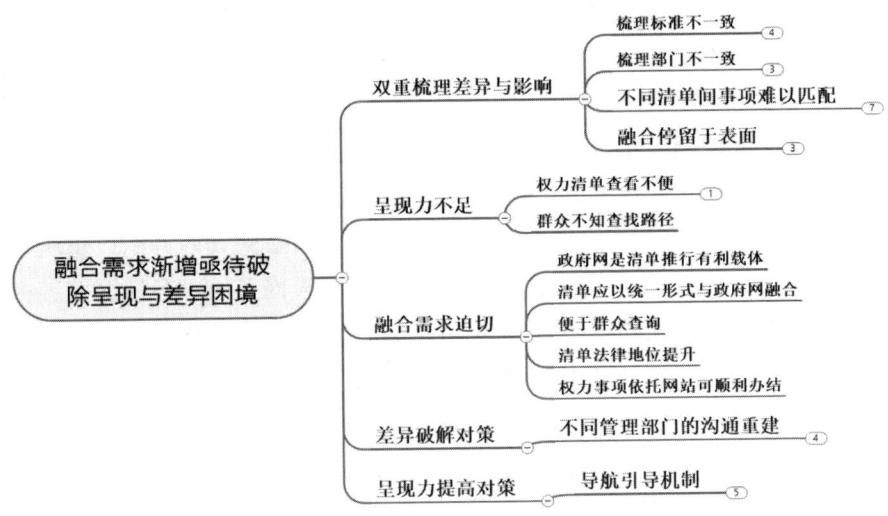

图 7-7 "融合需求渐增亟待破除呈现与差异困境"选择性编码

（二）"互联网+政务服务"运用中存在的问题

1. 事项管理存在的问题

政务服务事项的动态管理机制未完全建立，实施清单、办事指南等更新不及时，给企业群众办事造成不便。2013年以来，国家先后取消了700余项行政审批、行政许可、职业资格许可和认定等事项，其中34项仍可在事项库中检索到，主要为2018、2019年取消的事项。例如，国家发展改革委、财政部要求从2019年7月1日起，将因私普通护照收费标准由160元/本降为120元/本，然而国家平台数据显示，截至2019年12月2日，仍有1242项普通护照核发实施清单中的收费标准未更新。针对此项问题，可以采取建立政务服务事项的动态管理机制的措施，及时更新实施清单和办事指南，确保事项信息的准确、权威。

2. 部分地区数据共享需求尚未满足

目前，在国务院已发布的第一、二批数据共享责任清单中，58.61%的数据共享申请量与政务服务相关。从国家平台搜集的地方政府数据共享需求情况看，已发布的第一、二批清单可满足53.93%的数据需求，还有46.07%的数据共享需求尚未满足。这些需求主要集中在 66 个国务院部门中，其中数据需求量较大的前 21 个部门涵盖了 90%的数据内容。各地区对国务院部门数据共享需求量排名前五的依次为公安部、市场监管总局、人力资源社会保障部、民政部、住房城乡建设部。

3. 各地区办事时间差异明显

从各地区办理相同事项的时间看，同一件事在不同地区的办理时间差异较大。以新办食品经营许可为例，承诺办结时限最长为 20 天，最短为 4 天。北京市 40.27%的办件在 1 天内办结，71.13%的办件在 5 天内办结；重庆市仅 27.63%的办件在 1 天内办结，41.05%的办件在 5 天内办结。各地区应该横向对比事项办理时间的差异，在合理的情况下进一步压减时间。

4. 部分事项办理时间过长

从全部行政许可事项来看，部分事项办理时间仍然较长。比如，医师执业注册、新办食品（含保健食品）生产许可都需要 10 天以上时间。统计显示，6.58%的事项实际办理时间在 20 天以上，2.4%的办件实际办理时间在 30 天以上。

5. 从业务办理领域来看，不同领域、不同事项的办理时间存在差异

例如，公司设立登记的承诺办结时限平均已压缩至 2.6 天，多数地区压缩至 3 天，最长承诺时间为 5 天；但实际办理中，平均 1.05 天办完，98%的公司设立登记在 3 天内办完，时间压减成效显著。相较而言，一些事项的承诺办结时限仍然较长，如办理食品（含保健食品）生产许可，多数地区规定该事项的承诺办结时限为 20 天，但实际办理中，72.43%的事项在 3 天内办完，92.56%的事项在 10 天内办完。虽相对于承诺办结时限有较大压减，但相对于其他事项仍然较长。因此在合理的情况下，针对办理时间普遍较长的事项应进一步压减办理时间。

6. 群众体验与承诺办结时限有差距

部分地区部分事项存在群众体验与承诺办结时限有差距的情况，如某省的教师资格认定承诺 1 天办完，而实际办理时间均在 1 天以上。分析发现，该地个别环节的办理时间不计算在承诺办结时限之内，处于不计时环节的事项被挂起，造成群众体验上的实际办理时间与承诺不符。针对此问题，各地应规范承诺办结时限的计算标准，对不计时环节给予说明，从而缩小群众体验与承诺办

结时限的差距，提高民众满意度。

7. 提交材料存在多项材料简单合并为一项的情况

以某地办理民办非企业单位成立登记为例，系统显示共需提交 5 份材料，但其中的民办非企业单位成立登记表还包含 15 个子表，部分信息需反复填写，如需填写单位名称共计 10 次，法人签名 4 次，填写业务主管单位名称 3 次，业务主管单位盖章 3 次。材料数看上去减少了，但企业群众的负担并未减轻。因此各地应综合考虑办理量和提交材料数量，总结一批办件量大、提交材料多、各地提交材料数量差异大的事项，横向对比材料清单差异，在合理的情况下进一步压减材料，推动全国范围材料精简。

第二节 权责清单制度改进的措施

一、加强和改进顶层改革的系统性和交互性

权责清单制度建设具有公共政策属性，即在政治任务的执行过程中，在中国特色社会主义制度下具有独特的实施机制。权责清单制度构造既体现了政府职能重构、功能调适和标准口径顶层设计的价值逻辑，又体现了系统性、整体性和协同性顶层推动的实践路径。从国家顶层设计层面来说，要强化中央顶层改革的系统性和交互性的政策设计，出台构筑整体性政府的相关系统性制度安排和规则，以满足整体性政府运行的制度安排。地方政府权责清单的创新过程包括试点、扩散、学习复制与改造等多个阶段，也体现了改革叠加、梯次推进、升级深化等特征。以浙江省"最多跑一次"改革为例，它是"四张清单一张网"改革和行政审批制度改革的深化，是行政审批制度改革的 3.0 版。[1] 但是，"现有的地方创新呈现出局部化、渐进式、问题导向的特点，而非统一部署、顶层设计的变革。"[2]。在地方改革实践中，面临着"层级链接"和系统信息对接口径不畅等问题，不同层级政府之间和横向政府间的多层一体化衔接机制和开放机制亟待构建。"创新系统开放性是指突破组织的层级，以目标作为模块化创

---

[1] 何增科. 地方政府创新的微观机理分析——浙江省"最多跑一次"改革案例研究[J]. 理论与改革, 2018 (5)：134-141.

[2] 叶战备. 中国特色政治发展的价值、特征与路径[J]. 探索，2015（6）：63-67.

新的基础，形成开放系统。开放系统保证模块之间相互的嵌入性，进而提升整个创新的协同性与整合性。"①通过技术嵌入可以使模块实现与其他主体、资源、行为的交互。

2015年中共中央办公厅、国务院办公厅印发的《关于推行地方各级政府工作部门权力清单制度的指导意见》，提出要在地方推行权力清单制度。2018年，《中央编办、法制办关于深入推进和完善地方各级政府工作部门权责清单制度的指导意见》，要求在省（区、市）范围内推进权力清单与责任清单两单融合，并推进权责清单标准化规范化建设，实现同一行政职权事项在省市县三级的名称、类型、依据、编码等要素基本一致。国务院2018年印发的《国务院关于加快推进全国一体化在线政务服务平台建设的指导意见》，要求政务服务事项全国标准统一，实现同一事项名称、编码、依据、类型等基本要素在国家、省、市、县四级统一。编制部门牵头推进的权责清单与大数据管理局牵头推进的国家一体化政务服务平台政务服务事项清单、"互联网+监管"系统监管事项清单关联度高，如何将三个清单进行融合，推进权力事项网上运行，权责清单服务企业、服务群众以及监管部门依法履责、秉公用权，亟待国家层面统筹相关制度设计与安排。由于权责清单是编制部门牵头，2018年，浙江省在全国省级层面率先实现行政权力"三级四同"，即省市县三级权力名称、类型、依据、编码相统一，安徽省实现三级政府权力名称、类别和依据"三统一"。无论是"三级四同"还是"三统一"，都仅限省级层面权责事项的统一规范，同一职权各省份的表述口径标准存在差异。以某省为例，权责清单只是网上公布，而政务服务事项清单、监管事项清单已上网运行。从这两个清单的设定依据来看，多数与权责清单为同一事项，但梳理主体不同，导致事项名称、类别和数量存在一定差异，若不进行融合，就会出现两个部门同时管理两个性质相同的权力事项清单，在管理上会出现"两张皮"现象。因此需要在国家层面推进整体性、系统性和交互性的改革，注重宏观调控的统筹和全国一体化的制度安排，打破条块结构的碎片化，建立编制部门负责行政权力事项的源头、政务服务平台负责执行、司法部门负责审核的合理分工，而又相互贯通协作的工作机制，形成一体化、集成化和系统化的治理结构。

---

① 郎玫, 史晓姣. 创新持续到创新深化：地方政府治理创新能力构建的关键要素[J]. 公共行政评论2020, 13（1）：158-176、200.

二、进一步健全和完善清单制度体系

进一步提升权责清单制度建设的规范化、科学化和法治化，可以优化权责清单制度运行机制，纵向延伸权责清单制度实施层级，横向拓展权责清单制度覆盖范围，提升权责清单制度动态调整的规范性。

（一）完善权责清单的法律法规体系

协调上位法与下位法的衔接性与匹配性。行政权力源于法律法规，权责清单只是对行政职权的梳理、明示和规范。随着经济社会的发展，立法机构需要对一些滞后的法律进行及时修法和清理。如果修法滞后于改革，简政放权的空间将受到限制，会影响改革的进一步深化。同时权责清单还应与行政法的完善协同推进，通过修改行政组织法，将清单问责等相关制度事项在法律上作统一规范，推动追责依据的法定化。

（二）深化线上线下融合，开发行政权力运行数据的应用

在当前社会，政务服务线上线下相结合已经成为一种普遍选择。从国务院部门提供的数据情况看，重点部门提供办理数据的比例较小，80%的办理数据来自6个部门（海关总署、市场监管总局、知识产权局、邮政局、工信部、烟草局）。地方普遍反映数据需求量大的5个部门（公安部、教育部、卫生健康委、民政部、人社部），提供数据量只占8.24%，国务院垂直部门数据贯通难度大。政务服务线上线下融合有待进一步提升，政务服务要打破部门职责边界，实现"一网通办"服务的业务流程、信息共享、业务协同等诸多方面重塑和完善，推动数据共享复用、线上线下融合。构建权责清单动态管理系统，推进权责清单网上运行和管理，形成网上申请、网上审核、网上调整以及全程留痕的动态管理机制，将各级负责权责清单的工作人员从繁重的审核、调整工作中解脱出来，并切实发挥权责清单的作用。对接权责清单系统与省政务服务平台，实时提取部门行政权力运行数据，通过对比分析，为机构编制管理工作提供依据。

（三）监管机制设置的合理化

以明晰政府间职责原则来构建权力清单与责任清单，推动形成现代政府应有的权责制度体系。事中事后监管是责任清单编制的重点和难点。对于间接监管的事项，重点是加强对相关部门行使权力过程的监督和指导，明确执法标准、

规范自由裁量权，督促其充分而正确地履行职权；重点检查相关部门行政执法行为是否合法、适当和规范；同时还要明确监督检查的方式程序、监督检查的措施、违反规定的处理办法等。对于直接监管的方式、监督检查程序、监督检查措施等内容，重点是监督检查的方式。规范监管机制，明确定期检查如何查，随机抽查如何抽，全面检查如何查，专项检查如何查，群众举报投诉如何查等。

三、以标准化规范化保障制度的有效执行

进一步理顺条块职责关系，提升政府行政效能和制度执行力。"治理实现问题解决和公共利益，治理在本质上涉及权力配置、结构支撑、行为展开，行为导致结果，治理效果如何则是功能是否实现的反映。"[①]权责清单制度有效执行是其功能实现的前提，加强执行主体能力建设是重要内容。

（一）推进权责清单制度实施过程的公开透明化，建设智慧政务运行平台

权责清单的制定与实施包括前端的"清权""确权""配权"，过程的"晒权"与"执行"，后端的"制权""评权"与"调权"。推进权责清单的公开化、透明化，不仅要公开权力名称、行使依据和运行流程等前端信息，还要向权力运行的后端延伸，公开权力运行的问责事项、监督主体、问责结果，真正实现行政权力运行全过程的公开透明，保障公众的知情权、参与权和监督权。权责清单公开的目的是打破"暗箱运作"，实现政务信息公开和决策透明，保障公众监督政府是否依照"清单"行使行政权力，也有利于政府依照"清单"约束行政行为。大数据时代探索政府治理创新，要充分利用互联网思维和技术来优化办事流程，减少办事环节，简化办事手续，压缩办事时间，再造政府流程、规则和功能，建立一体化整体在线政府，实现政府部门间"横向联通"、中央和地方"纵向贯通"，破解政府管理中的"信息孤岛"，提升政府效率和效能。集约化、智能化的智慧政务信息平台具有政务公开、网上协同办公、查询互动、监督评价等功能，能有效实施全程监控，实现权力信息的公开化、权力运行的数据化、运行流程的标准化、权力监管的实时化。推进"三单"融合，开发对政务大数据的分析与研判，可以对推进行政体制改革、科学配置行政权力、提升公共政策的回应度、增进施政的民意基础等方面提供决策参考，逐步形成政

[①] 翟文康，李芯锐，李文钊. 界面重构：迈向超大城市有效治理的路径选择——以"接诉即办"的大兴经验为例[J]. 电子政务，2020（6）：42-54.

务服务持续改进的内部动力机制，打造"智慧政府"。

（二）形成标准化权责清单制度运行的工作程序，提高推行权责清单制度的规范性

标准化利于分类和归类的统一化、科学化、合法化。地方各级政府对其工作部门经过确认保留的行政职权，除保密事项，都要以清单形式公布每项职权的名称、编码、类型、依据、行使主体、流程图和监督方式等内容，责任清单要明确责任事项和追责依据、监督方式，并在政府网站等载体上公布。在晒权环节上，应打造信息化平台，加强智慧政务建设，以行政相对人为核心，以流程再造为着眼点，促进政府部门合理配权，提高行政效率。以行政相对人为核心和基础设计一套易操作、可监督的网上运行系统，打造"一口受理""电子监察"的信息平台，引入相互监督机制和社会监督机制。在制权环节上，对于兜底条款，应明确兜底条款内容的归属，并确定兜底事项的责任主体，确保职责无缺位。在评权环节上，应引入第三方独立评估，建立健全系统、全面、科学的评估机制，扩大评估主体，增加评估内容，拓展评估维度。

（三）以行政相对人为核心，以流程再造为着眼点，促进政府部门合理配权

党的十八届三中全会将政府职能调整为宏观调控、市场监管、公共服务、社会管理、保护环境五大方面，从行政相对人的需求入手对政府现有的各项权力进行梳理，并完善权力运行流程，完成清权、确权、晒权、配权、制权等环节。在清权、确权结束之后，配权要以提升行政效率为基本要求，在权力与运行方式上实现优化。积极打造电子政府、信息政府，坚持循序渐进、依法依规的原则，自上而下、逐层确定权责清单的开展和推进方式。

四、拓展权责清单制度的功能及其应用场景

随着社会发展和行政体制改革的不断深入，机构编制部门工作重心将从管机构、管编制向管职能转变。权责清单的功能在机构编制法定化的框架内需要不断丰富完善，进一步拓展其功能及其应用场景。在新颁布的《中国共产党机构编制工作条例》中，"优化职能配置""统筹谋划好党和国家机构职能体系建设""统一管理……各部门的职能配置以及调整工作"等表述多达19处，对部门职能管理的抓手就是权责清单。比如，山东省枣庄市以"三定"规定和权责清单为基础，编制部门权责边界清单和属地管理事项清单，将部门的行政职权

事项及其责任，细化明确至部门内设科室，将权责清单具体到岗位。把权责清单的执行情况纳入部门职能运行绩效考核的内容，跟踪监督履职情况，科学分析编制使用效果，相应调整机构编制事项，增强编制管理的科学性、针对性和有效性。

因此，权责清单制度的应用场域和场景可从以下五方面进行拓展。

（一）融入领导干部任用提拔过程

询问领导干部是否知晓原岗位所涉及的行政职权，是否知晓即将接任岗位所涉及的行政职权。这对于领导干部明晰手中权力及责任大小、依法公正行使权力、主动担当责任意义重大。

（二）有效评估机构改革成效

权责清单依照部门履行职能的表现，评估机构设置的合理性或必要性。在评估过程中，若发现某一机构与实际工作不相符并且职能弱化的表现已经突显，必须慎重考虑是否仍然使用对口设置。这样不但为机构职能评估提供了重要依据，同时提高了行政效能。

（三）科学界定职权边界

"三定"规定较为宏观，而在具体实践中发生职责"打架"时，各部门都倾向于根据自身利益来理解并履行职责。权责清单应向更精细化、颗粒化的方向发展，在纵向细化各部门行政职权，在横向对各职权所涉及的要素梳理、甄别、完善，清晰界定各职权的行使路径及方法，并且做好对职权所属性质的归属管理。

（四）统筹调配编制资源

"妥善处理严控机构编制与满足发展需要之间的关系，根据党和国家事业发展需要，统筹使用各类编制资源，按照机构编制管理权限，加强编制的统筹调配和动态调整，建立部门间、地区间编制动态调整机制。"[1]适应经济社会发展变化和财政保障能力，管住管好用活机构编制，严控总量，统筹使用，科学增减，不断提升机构编制资源使用效益。

（五）提升权责清单的知晓度

大部分普通群众在实际办理事项过程中的关注点在于问题本身，如"钱花哪了""政务、财务公开了哪些信息"等。权责清单在群众心中的地位仅仅是

---

[1] 中共中央印发中国共产党机构编制工作条例[N]. 人民日报，2019-08-16（001）.

"了解了解""办事不懂就问问",群众普遍缺乏清单意识。政府部门应加强对权责清单的宣传力度,让群众了解权责清单的应用流程、应用范围,培养群众使用权责清单的意识,使权责清单从单纯公示过渡到实际运用中。

研究总结

本书坚持方法自觉和理论追求，基于坚实的经验研究，探寻地方政府权责清单制度实践中的"真问题"，注重在回应问题中进行理论分析框架的建构。在宏观层次，历时性考察了权责清单制度的试点、推广、改造和深化的演进，共时性比较了不同实践样式的共性和差异，提供了在国家治理体系和治理能力现代化进程中理解制度创新和扩散的实践阐释。在中观层次，注重权责清单制度构造和调整的政策过程，权责清单制度的运行流程及其应用场景，尝试基于具体经验提出"三单融合"的整体性政府理论主张，进一步丰富我国政府治理理论的中层分析框架，为优化我国公共权力设置标准口径和运行衔接整合提出政策指导建议。在微观层面，基于科学的实证方法深化对地方政府行为的理解，从权责清单制定者、行政权力行使者和公众三方面制度相关人角度，从清单质量、输出成效、输入评价三个维度，系统分析权责清单制度成效评价及其影响因素，探寻制度构建转化为国家治理效能的机理机制，并对深化和改进权责清单制度建设提出系统集成改革的对策建议。

一、基本结论

权责清单动态管理旨在适应法律法规内容调整、政府机构及其职能变动的需要，是制度建设科学性、合法性和规范性的重要内容。权责清单动态管理有一套科学规范严谨的程序，但在目前实践中，权责清单动态管理存在相关部门及其工作人员缺乏重视、上下级之间缺乏意见指导与交流协调、调整周期时间长且工作量大、动态管理事中事后监督机制不健全等诸多问题。因此为改善权责清单的管理现状，首先，要提高权责清单动态管理工作的思想认识，强化清单意识，提升制度执行力。其次，需要省级政府统筹建立统一的权责清单的规范化标准体系，便于全面系统推行权责清单制度。再次，建立权责清单动态管理的上下衔接机制，畅通反馈渠道，做到职权合理下放。最后，加强对权责清单动态管理相关人员的能力建设，在加强相关人员业务能力培训的同时,加强横纵单位之间的经验交流。

对于如何理解权责清单制度供给与治理效能的关系,本课题从制度质量、输出标准、输入标准和改进标准等方面根据不同的调研对象建立了不同的评价维度。一是在清单制度质量方面,制度体系趋于完善,不同领域的应用清单细分程度也越来越高,政务服务的精准性得到提升,权责清单与信息化融合取得了新的进展。二是在清单制度输出标准方面,权责边界划分清晰,强化了部门责任意识,有利于实现权责有机统一。通过明确每一项行政职权的依据、流程和责任,有利于实现行政权力的有序规范运行,推动责任政府的形成。同时,清单制度还深化了行政审批制度改革,大大激发市场活力。三是在清单制度输入标准方面,政府权力事项持续精简和优化,实现了办理行政事务总成本明显降低、公众改革获得感显著、行政工作人员的履职感与责任意识增强的目标,规范了行政权力的运行,提升了行政工作效率。

在科学评价制度成效的基础上,本书系统梳理了权责清单制度实施存在的问题,基本可以归纳为以下几个方面。一是理念层面。首先,对权责清单存在认识偏差,部分行政工作人员认为以清单行使权力,清单之外无责任,这就容易滋生规避意识,窄化了政府职责的范畴。其次,权责清单构造公众参与度低,权责清单制度体系构造流程主要是行政体制内循环,开放性程度低,公众参与度较低。最后,认可度不高,权责清单制度体系庞大,群众办事可操作性和清单应用程度低,造成在现实中清单的知晓度和认可度不高。二是制度层面。首先,权责清单与政务服务清单、监管事项清单存在"两张皮",编制部门和大数据政务服务部门协作程度低,各自成体系,缺乏交互性。其次,机构改革方面存在职能配置不合理、监管职能不到位、权责不匹配等问题。再次,机构编制与职能调整不匹配等问题,编制动态调整缺乏有效的具体措施。最后,权责清单省级统筹不足,构造口径标准不一,结构性体系有待改进。三是行为层面。首先,权责清单与政府服务网融合程度低,存在政务服务部门地方贯通难、系统整合难度大、有效数据获取难度大等问题。其次,权责清单动态管理的规范性和程序性有待改进,一些行政工作部门沿用旧有习惯,存在工作不依据清单规范要求,清单制度的落地有效执行存在不足。最后,权责清单应用场景不足,权责清单制度构造的便民性和可操作性有待改进。

针对存在的上述问题，本书从以下几方面提出了改进措施。一是加强和改进顶层改革推进的系统性和交互性。从国家顶层设计层面来说，权责清单制度构造体现了系统性、整体性和协同性顶层推动的实践逻辑，因此要强化中央部门顶层推动的交互性，搭建统筹和全国一体化的制度安排，打破条块结构的碎片化，建立编制部门负责行政权力事项的源头、政务服务平台负责执行、司法部门负责审核的合理分工，而又相互贯通协作的工作机制，形成一体化、集成化和系统化的互联互通的治理界面结构。二是进一步健全和完善清单制度体系。提升权责清单制度建设的规范化、科学化和法治化，优化权责清单制度运行机制，纵向延伸权责清单制度实施层级，横向拓展权责清单制度覆盖范围，提升权责清单制度动态调整的规范性。三是以标准化规范化保障制度的有效执行。进一步理顺条块职责关系，提升政府行政效能和制度执行力，使权责清单的功能在机构编制法定化的框架内不断丰富完善，进一步拓展其功能及其应用场景。加强执行主体能力建设，完善监督问责、动态调整与绩效考评机制以及对权力运行轨迹动态跟踪和评估的开发利用。因地制宜与配套改革协调跟进，提升改革的系统性与协同性。

总之，地方政府权责清单制度的实施是我国政府职能转型、深化行政审批制度改革、进一步简政放权、建设法治政府的重要抓手，提供了丰富和完善我国特色的政府治理理论的新实践场域。正如习近平总书记指出的，"我国哲学社会科学应该以我们正在做的事情为中心，从我国改革发展的实践中挖掘新材料、发现新问题、提出新观点、构建新理论"。本书努力探寻权责清单制度实践的特色模式和发展规律，尝试提出能够体现中国价值、中国实践和中国智慧的政府治理理念和对策建议，围绕动态跟踪实践进路、推进机制、影响因素等开展前瞻性的研究，提升课题对政府改革实践的回应性和指导性。

二、实践现状反思及下一步亟待关注的研究问题

本书从制度体系趋于完善、信息化建设、权责清晰、规范权力、深化改革、获得感提升、责任意识增强、行政效率改善等方面进行了调研，科学分析和总结了权责清单制度成效，同时提出亟待关注的问题。

第一，制度设计问题。权责清单由中央编办牵头，各级政府根据相关指导意见在推进实施过程中自行探索，造成了全国各省不同、省内各市县之间

行政权力的口径标准存在很大的差异。虽然中央的宏观指导和地方的自主实施相结合发挥了"两个积极性",但这种多样性与差异性制度构造不利于全国一体化规范口径对接。政务服务事项清单与监管事项清单由国务院牵头,依据相关法律法规进行梳理,执行时明确要求不得随意更改,强调政策执行过程中的全国垂直一致性。虽然二者都是深化体制改革、优化体制机制的创造性举措,但在加快推进全国一体化在线服务平台建设的过程中,这种在制度设计过程中的分轨推进与规定差异存在不相兼容的问题,从而导致权责清单在融合与应用的场景上存在不足。如何从中央层面加强和改进顶层改革的系统性和交互性,需要从实践和理论层面共同推动国家治理体系的完善。

第二,清单融合问题。目前,权责清单和政府服务网上公布的事项相对独立,甚至同一个事项的名称也不相同。产生问题的主要原因在于管理部门"条块关系",如权责清单由编办编制和管理,政府服务网由大数据局管理,二者主管单位不同、相互沟通不足并且缺少有效的工作联合会审机制,造成权责清单事项与政府服务网上的事项不统一。应发挥权责清单的核心和基点作用,构建数据同源、相互衔接、职责明晰的清单管理制度体系。

第三,权责清单应用问题。一些地区将建立权责清单制度仅仅作为一项政治任务来推进,在实践中如何运用清单,让清单"活"起来、"跑"起来,目前没有明确的标准规范,各地根据实际情况探索,没有形成统一成效,造成了权责清单应用场景缺失。

上述问题是目前各级政府在实践中遇到的困难,特别是机构编制部门面临的难题,需要地方各级政府积极主动探索,相信通过全局性谋划、战略性布局、整体性推进,实现系统设计、集成突破、整体协同的转变,改革的叠加效应会使清单制度体系的融合性、交互性和贯通性进一步得到改善,在全面深化改革的总目标中制度体系的质量和有效性会进一步增强。

附录一

问卷编号：_____   城市（区县）编号：_____

权责清单调查问卷（对象：权责清单参与制定的人员）

尊敬的女士、先生：

您好！我们是郑州大学政治与公共管理学院《地方政府权责清单制度建设研究》课题组的成员。政府行政权责清单就是把各级政府及其所属工作部门掌握的各项公共权力进行全面统计，并将权力的列表清单公之于众，主动接受社会监督的一种制度。本次调研的目的是深入了解地方政府权责清单制度编制和动态调整的基本情况，希望得到您的支持与配合。

郑州大学权责清单课题组

Part A. 基本信息

A01 您的性别是：

☐1. 男　　　　　☐2. 女

A02 您的年龄是：_____

A03 您的学历是：

☐1. 初中及以下　　☐2. 高中（中专、技校及职高）

☐3. 大专　　　　　☐4. 本科　　　　☐5. 研究生及以上

A04 截至目前您的工作时间为：

☐1. 三年以内　　☐2. 四到十年　　☐3. 十一到二十年

☐4. 二十年以上

A05 您的政治面貌为：

☐1. 中共党员　　☐2. 民主党派　　☐3. 无党派人士　　☐4. 群众

A06 您的职级是：

☐1. 科员、办事员及其他　　☐2. 科级　　　☐3. 处级

☐4. 处级以上

A07 您工作单位的层级是：

□1. 县（区）级及以下　　　□2. 市（地）级　　　□3. 省级及以上

Part B. 编制评估

在权责清单的编制和调整过程中，在您所在地区，您对下列说法的赞同程度是：（从 1 到 10 逐渐递增）。

说法	赞同程度									
	1	2	3	4	5	6	7	8	9	10
对政府工作部门的所有权力事项依法依规都进行了梳理，对没有法律法规依据的文件都进行了清理										
各项权力的名称、实施依据、实施对象、实施主体、办理材料要求和时限等都有明确详细的规定										
权力内容都已在政府网站上进行公开"晒单"，群众办事可以"按图索骥"，一目了然										
每一条权力事项都有与其对应的责任，如果具体环节存在权力滥用，都有明确的问责依据和监督方式										
随着机构改革整合和政府职能的调整，权责清单能够及时按照"三定"规定和调整的程序进行及时更新										
随着党和国家机构改革和职能的整合，权责清单应该在党政机构所有部门全面推进，但目前还没有制定相关标准										
随着农村基层"一肩挑"的全面推进，村务监督问题凸显，村级小微权责清单应该农村全覆盖										
权责清单制定是从政府其他部门抽调人员组成队伍编写的，后期的动态调整也是按照程序政府部门联合审核的，基本没有社会公众和第三方的参与										
在制定过程中发现，相关部门存在群众急需的关键事权不下放，通过拆分权力把关键环节控制在部门手中，维护部门利益的现象										

续表

说法	赞同程度									
	1	2	3	4	5	6	7	8	9	10
在制定过程中发现，相关部门存在本应属于自身部门权责的事项却下放给下一级政府部门，部门推卸责任的现象										
在权力的下放过程中，存在放权赋权的服务跟不上，承接机制不完善的问题，导致下级政府部门不能很好地承接										
除权力清单所列权力事项，相关部门还存在隐性权力，权力自由裁量的空间还很大										
目前一些政府工作部门的职责交叉、重叠甚至空白依然存在，政府间的职责关系很复杂，不是一张权责清单能理顺的										
现实中尽管权责清单公示了，一些政府工作部门人员并不按照权责清单的要求办理事务，而是依然按照原有的惯例来处理事务										
在现实的工作中，权责清单的内容与政府工作部门服务公众的事项不完全一致										

附录二

地方政府权责清单制度实施成效调查问卷

尊敬的女士、先生：

您好！我们是郑州大学《地方政府权责清单制度建设研究》的课题组成员。政府行政权力清单就是把各级政府及其所属工作部门掌握的各项公共权力进行全面统计，并将权力的列表清单公之于众，主动接受社会监督的一种制度。此次调查采取匿名的方式，请您凭主观感受选择合适的答案，如实作答。

郑州大学权责清单课题组

Part A. 基本信息

A01 您的性别是：

□1. 男　　　　□2. 女

A02 您的年龄是：

□1. 18—25 岁　□2. 26—35 岁　□3. 36—45 岁　□4. 46—60 岁

□5. 60 岁以上

A03 您的职业是（含退休前）：

□1. 国家机关、党群组织、企业、事业单位负责人

□2. 专业技术人员　　　□3. 办事人员和有关人员

□4. 商业、服务业人员　□5. 农、林、牧、渔、水利业生产人员

□6. 生产、运输设备操作人员及有关人员　　□7. 军人

□8. 其他

A04 您的学历是：

□1. 初中及以下　□2. 高中（中专、技校及职高）　□3. 大专

□4. 本科　　　　□5. 研究生

A05 截至目前您的工作时间为：

□1. 三年以内　□2. 四到十年　□3. 十一到二十年

□4. 二十年以上

A06 您的政治面貌是：
□1. 中共党员　　□2. 共青团员　　□3. 民主党派　　□4. 群众

A07 您所在的区域是：
□1. 东部地区　　□2. 中部地区　　□3. 西部地区

A08 您所在城市是以下哪种类型：
□1. 省会城市　　□2. 地级市　　□3. 县（区）级市　　□4. 乡镇

Part B. 基本情况

B01 您和您身边的人最近一年内办理行政事务的次数是（含线上和线下）：
□1. 0次（结束作答）　　□2. 1~3次　　□3. 4~9次
□4. 10次及以上

B02 您和您身边的人在过去的一年里，办理的行政事务是属于（可以多选）：
□1. 行政许可（办理许可证）　　□2. 行政处罚（罚款缴纳）
□3. 行政强制（违建拆除）　　□4. 行政检查（接受检查）
□5. 行政确认（婚姻登记、产权证明等）　　□6. 行政征收（拆迁、征用）
□7. 行政给付（赔付款、退款、补助款）　　□8. 行政奖励（评选、表彰）
□9. 行政裁决（文书送达、复议诉讼）　　□10. 其他类别

B03 过去的一年里，您和您身边的人办理的行政事务层级多属于（可以多选）：
□1. 省级事项　　□2. 市级事项　　□3. 县（市、区）级事项
□4. 乡级事项　　□5. 跨级事项

B04 您和您身边的人最近一次在所在地区行政机关办理业务时，跑了多少次才完成：
□1. 一次也没跑，网上就可以办理　　□2. 一次
□3. 两或三次　　□4. 三次以上

B05（如果 B04 选 1、2，跳过此题）您和您身边的人最近一次在所在地区行政机关办理业务时，跑了多次才完成的原因是什么（可以多选）：
□1. 自身并未事先咨询和查找办理所需的相关资料
□2. 政府部门信息共享不够，在多个窗口受理办结

☐3. 不同的部门负责不同环节，需要跑多个部门才能办成

☐4. 办事人员工作效率低，一件事情需要重复多次

☐5. 行政机关没有公开提供办理事项准备的材料

☐6. 跨区及跨省市的要求不同

B06 从准备材料到最终结束，您或者您身边的人最近一年内最久的一次大概用了多久的时间：

☐1. 一周内　　　☐2. 一周到一个月　　　☐3. 一个月到三个月

☐4. 半年到一年　☐5. 一年到两年　　　　☐6. 两年以上

Part C. 权责清单制度的产出标准

（获得感，包括秩序、基本公共品和集体行动）

C01 您是否习惯在办理行政事务之前在网上查询办理事务的流程和材料要求：

☐1. 十分习惯　　　☐2. 比较习惯

☐3. 不太习惯　　　☐4. 没有习惯

C02（如果 C01 选 4，跳过此题）您是否能便捷地在行政机关相应的网站上找到所办理事项的服务指南：

☐1. 不能，相关网站上没有公示所办理事项的服务指南

☐2. 比较困难，相关网站上办理事项的服务指南隐藏在相应的子页面里

☐3. 方便，在网络主页面上和政务服务 APP 上很容易查询到所要办理事项的要求

C03 您所在地区行政机关提供的办事事项的服务指南是否简便易懂：

☐1. 不容易看懂

☐2. 条款内容比较多，需要花费一定时间和耐心才能看完

☐3. 服务指南可有可无，办理事项前一般不怎么看

☐4. 非常容易看懂

C04 据您了解，您所在的地方政府行政机关是否能够按照公示的程序要求规范办理业务：

☐1. 非常规范　　　☐2. 比较规范　　　☐3. 不太规范

☐4. 非常不规范

C05 据您了解，您所在的地方政府行政机关之间在处理业务过程中是否存在扯皮推诿的现象：

□1. 从来没有　　　□2. 几乎没有　　　□3. 有但是不多

□4. 非常常见

C06 据您了解，地方行政机关办理行政事务除了明示要求的条件，是否还存在其他隐性的附加条件（可以多选）：

□1. 准备服务费用　　　□2. 额外的书面材料

□3. 指定特定的中介机构　　　□4. 不存在

C07 据您了解，一些人去行政机关办事习惯于找中介的原因是什么（可以多选）：

□1. 行政机关工作人员处理事务有很大的自由裁量权

□2. 行政机关工作人员和中介有共同的利益，自己去办可能跑几次都不一定能办成，中介有渠道能够搞定

□3. 找中介办事省事，缩短了自己办事的时间，节约了办事的成本

□4. 花钱买平安，不得已而为之，自己如果顺利能够顺利办成，就不用找中介了

C08 您认为办理行政事项方面公示的监督方式对约束行政机关工作人员的权力有效吗：

□1. 作用很大，如果滥用权力，有可能被监督机关追究责任

□2. 有一定作用，如果滥用权力，有可能被办事人投诉

□3. 没什么作用，办事人的投诉不能得到及时有效处理

□4. 办事人没有维权意识，监督方式发挥不了作用

Part D. 权责清单制度的输入标准

（公众对于政府权力事项的态度、要求及其表达）

D01 您是否认同现在办理行政事项简化手续的现状达到了群众对办事简便的要求：

□1. 十分认同　　　□2. 比较认同　　　□3. 不太认同

□4. 完全不认同

D02 您是否认同现在行政机关工作人员的行政效率比以前提升了：

☐1. 十分认同　　　☐2. 比较认同　　　☐3. 不太认同

☐4. 完全不认同

D03 您是否认同现在办理行政事务比以前公开透明了：

☐1. 十分认同　　　☐2. 比较认同　　　☐3. 不太认同

☐4. 完全不认同

D04 您是否认同现在政府部门的办事环节比以前减少了，办事的时间周期缩短了：

☐1. 十分认同　　　☐2. 比较认同　　　☐3. 不太认同

☐4. 完全不认同

D05 您是否发现现在政府部门工作人员仍然变相利用权力：

☐1. 没有发现　　　☐2. 听说别人遇到过　　　☐3. 本人遇到过

☐4. 很多人都遇到过

D06 您是否认同现在办理行政事务的总体成本降低了：

☐1. 十分认同　　　☐2. 比较认同　　　☐3. 不太认同

☐4. 完全不认同

D07 您是否发现一些政府部门工作人员并不按照规定的程序要求办理事务：

☐1. 没有发现　　　☐2. 听说别人遇到过　　　☐3. 本人遇到过

☐4. 很多人都遇到过

D08 您对近几年行政机关工作人员的行为评价如何：

☐1. 非常满意，工作人员的态度和工作效率都有很大改变

☐2. 没有什么变化，还是和从前的工作行为习惯与态度一样

☐3. 比较不满意，政府工作人员的态度变好了，但是不办事了

☐4. 非常不满意，政府工作人员变相利用权力的形式更加隐形了，办事更麻烦了

附录三

地方政府权责清单制度实施成效调查问卷（政府行政工作人员填写）

尊敬的女士、先生：

您好！我们是郑州大学《地方政府权责清单制度建设研究》课题组的成员。政府行政权责清单就是把各级政府及其所属工作部门掌握的各项公共权力进行全面统计，并将权责列表清单公之于众，主动接受社会监督的一种制度。此次调查采取不记名的方式，请您凭主观感受选择合适的答案，如实作答。除非特别说明，每个问题只宜选择一个答案。我们将按照《中华人民共和国统计法》对您的信息给予保密，保护您的隐私权。对您的合作和支持，我们再次表示感谢！

郑州大学权责清单课题组

Part A. 基本信息

A01 您的性别是：

☐1. 男　　　　☐☐2. 女

A02 您的年龄是：

☐1. 18—25 岁　　☐2. 26—35 岁　　☐3. 36—45 岁

☐4. 46—60 岁

A03 您的职级是：

☐1. 科员　　☐2. 科级　　☐3. 处级　　☐4. 处级以上

A04 您的学历是：

☐1. 初中及以下　　☐2. 高中（中专、技校及职高）　　☐3. 大专

☐4. 本科　　☐5. 研究生

A05 截至目前您的工作时间为：

☐1. 三年以内　　☐2. 四到十年　　☐3. 十一到二十年

☐4. 二十年以上

A06 您的政治面貌是：

☐1. 中共党员 ☐2. 共青团员 ☐3. 民主党派

☐4. 群众

A07 您所在的区域是：

☐1.东部地区 ☐2.中部地区 ☐3.西部地区

A08 您所在城市是以下哪种类型：

☐1. 省会城市 ☐2. 地级市 ☐3. 县（区）级市

☐4. 乡镇

Part B. 权责清单制度的产出标准

（获得感，包括秩序、基本公共品和集体行动）

B01 您日常接触和处理的行政事务主要属于以下哪些类型（可以多选）：

☐1. 行政许可（办理许可证） ☐2. 行政处罚（罚款缴纳）

☐3. 行政强制（违建拆除） ☐4. 行政检查（接受检查）

☐5. 行政确认（婚姻登记、产权证明等） ☐6. 行政征收（拆迁、征用）

☐7. 行政给付（赔付款、退款、补助款） ☐8. 行政奖励（评选、表彰）

☐9. 行政裁决（文书送达、复议诉讼） ☐10. 其他类别

B02 据您了解，您所在的地方政府行政机关是否能够按照公示的程序要求规范办理业务：

☐1. 非常规范 ☐2. 比较规范 ☐3. 不太规范

☐4. 非常不规范

B03 据您了解，您所在的地方政府行政机关之间在处理业务过程中是否存在扯皮推诿的现象：

☐1. 从来没有 ☐2. 几乎没有 ☐3. 有但是不多

☐4. 非常常见

B04 据您了解，地方行政机关办理行政事务除了明示要求的条件，是否还存在其他隐性的附加条件（可以多选）：

☐1. 准备服务费用 ☐2. 额外的书面材料

☐3. 指定特定的中介机构 ☐4. 不存在

B05 据您了解，一些人去行政机关办事习惯于找中介的原因是什么（可以多选）：

□1. 行政机关工作人员处理事务有很大的自由裁量权

□2. 行政机关工作人员和中介有共同的利益，自己去办可能跑几次都不一定能办成，中介有渠道能够搞定

□3. 找中介办事省事，缩短了自己办事的时间，节约了办事的成本

□4. 花钱买平安，不得已而为之，自己如果能够顺利办成，就不用找中介了

B06 您认为办理行政事项方面公示的监督方式对约束行政机关工作人员的权力行为有效吗：

□1. 作用很大，如果滥用权力，有可能被监督机关追究责任

□2. 有一定作用，如果滥用权力，有可能被办事人投诉

□3. 没什么作用，办事人的投诉不能得到及时有效的处理

□4. 办事人没有维权意识，监督方式发挥不了作用

Part C. 权责清单制度的输入标准

（公众对于政府权力事项的态度、要求及其表达）

C01 您是否认同推行权责清单制度以来，行政机关工作人员的工作量减少了：

□1. 十分认同　　□2. 比较认同　　□3. 不太认同

□4. 完全不认同

C02 您是否认同推行权责清单制度以来，行政效率提升了：

□1. 十分认同　　□2. 比较认同　　□3. 不太认同

□4. 完全不认同

C03 您是否认同权责清单制度的实施有利于提高行政工作人员的自我监督意识和责任感：

□1. 十分认同　　□2. 比较认同　　□3. 不太认同

□4. 完全不认同

C04 您是否认同目前一些行政机关工作部门存在通过增加一些无用的程序和流程来规避自身的责任风险的做法：

☐1. 十分认同　　　☐2. 比较认同　　　☐3. 不太认同
☐4. 完全不认同

C05 您是否认同目前政府部门存在一些工作人员，为了不出事，宁愿少干事：

☐1. 十分认同　　　☐2. 比较认同　　　☐3. 不太认同
☐4. 完全不认同

C06 您作为政府工作人员，如何评价目前行政权力的配置状况（可以多选）：

☐1. 基层政府机关部门的某些职权与其应当承担的职责事项并不一致
☐2. 政府机构部门之间职权职责配置存在空隙，部分事项没有部门负责
☐3. 政府机构部门之间职权职责配置存在重叠，部分事项多个部门交叉重合
☐4. 政府机构部门的职权职责动态调整具有一定的滞后性

C07 您是否认同目前存在一些政府机关为了部门利益而不愿意信息共享，行政权力运行的堵点还没有得到有效解决：

☐1. 十分认同　　　☐2. 比较认同　　　☐3. 不太认同
☐4. 完全不认同

C08 您是否认同目前存在一些政府机关为了部门利益，对于群众急需且含金量高的关键事权不下放，下放的都是使用概率小的职权事项：

☐1. 十分认同　　　☐2. 比较认同　　　☐3. 不太认同
☐4. 完全不认同

C09 您是否认同目前存在上一级政府放权赋权给下一级政府的事项多是责任大权力小，而下一级政府真正需要的关键事项却不下放的现象：

☐1. 十分认同　　　☐2. 比较认同　　　☐3. 不太认同
☐4. 完全不认同

C10 您是否认同权责清单没有什么应用场景，办事靠政务网就可以了：

□1. 十分认同　　　□2. 比较认同　　　□3. 不太认同

□4. 完全不认同

C11 您是否认同权责清单起到了政府行政权力数据池的作用，为政府机关各种清单的制定提供了总依据，提高了政府管理和公共服务的精细化水平：

□1. 十分认同　　　□2. 比较认同　　　□3. 不太认同

□4. 完全不认同

C12 作为政府工作人员，您对权责清单制度建设及其运行情况的总体评价如何：

□1. 非常有效，能够优化工作流程和提高工作效率

□2. 比较有效，部门间的权责边界较为清晰

□3. 比较无效，权责清单的应用场景缺失

□4. 非常无效，权责清单形同虚设，没有人了解

附录四

权责清单制定访谈提纲（访谈对象：权责清单制定工作人员）

您好！本次访谈的目的是了解政府行政权责清单制定及后期的调整情况。我们将按照《中华人民共和国统计法》对您的信息给予保密，保护您的隐私权。对您的合作和支持，我们再次表示感谢！

郑州大学权责清单课题组

Part A. 基本信息

A01 您的性别是：

☐1. 男　　　　　　☐2. 女

A02 您的年龄：_____

A03 您的工作时间：_____

A04 您的工作职务职级：

☐1. 科员　　　　　☐2. 科级

☐3. 处级　　　　　☐4. 处级以上

A05 您的工作单位层级：

☐1. 省直　　　　　☐2. 市级

☐3. 县级　　　　　☐4. 乡级

A06 您所在的城市类型：

☐1. 省会　　　　　☐2. 地级市

☐3. 县城　　　　　☐4. 乡镇

Part B. 主要问题

1. 权力清单、责任清单在制定流程、执行流程、反馈修改流程和纳入、撤出清单流程的规范性如何？还存在哪些问题？

2. 在参与权责清单制定的过程中，您认为上级部门放权赋权与下级部门承接之间目前存在哪些问题？需要做哪些改进工作？

3. 您所在的政府是否网上公布了权责清单和具体的明细，您认为群众会按照权责清单搜寻办事指南吗？

4. 谈谈您对权责清单与政府服务网融合情况的认识？

5. 权责清单是如何动态调整的（时间周期、参与部门、调整依据）？您认为在动态调整中存在哪些问题？

6. 权责清单实施以来取得的主要成效是什么？现实中亟待解决的问题有哪些？

参考文献

一、著作类

[1]《马克思恩格斯选集》（第一、二、三、四卷）[M]. 北京：人民出版社，1995.

[2] 习近平总书记系列重要讲话读本[M]. 北京：学习出版社，2016.

[3] 习近平新时代中国特色社会主义思想学习纲要[M]. 北京：学习出版社，人民出版社，2019.

[4] 习近平谈治国理政[M]. 北京：外文出版社，2020.

[5] 习近平新时代中国特色社会主义思想学习丛书[M]. 北京：中国社会科学出版社，2019.

[6] 卢梭. 社会契约论[M]. 何兆武，译. 北京：北京经济学院出版社，1988.

[7] 亚里士多德. 政治学[M]. 吴寿彭，译. 北京：商务印书馆，1965.

[8] 洛克. 政府论（下）[M]. 叶启芳，瞿菊农，译. 北京：商务印书馆，1964.

[9] M. J. C. 维尔. 宪政与分权 [M]. 苏力，译. 北京：生活·读书·新知三联书店，1997.

[10] 沈大伟. 中国共产党：收缩与调适[M]. 北京：中央编译出版社，2012.

[11] 白果，米歇尔·阿格列塔，李陈华. 中国道路——超越资本主义与帝制传统[M]. 许敏兰，译. 上海：格致出版社，2016.

[12] 约翰·D. 多纳林，理查德·J. 泽克豪泽. 合作——激变时代的合作治理[M]. 徐维，译. 北京：中国政法大学出版社，2015.

[13] 戴维·奥斯本，特德·盖布勒. 改革政府——企业家精神如何改革着公共部门[M]. 周敦仁，译. 上海：上海译文出版社，2006.

[14] G. 沙布尔·吉玛，丹尼斯·A. 荣迪内利. 分权化治理——新概念与新实践[M]. 唐贤兴，张进军，等译. 上海：格致出版社，2013.

[15] 格里·斯托克. 转变中的地方治理[M]. 常晶，等译. 长春：吉林出版集团，2015.

[16] 尼古拉斯·亨利，孙迎春. 公共行政与公共事务[M]. 北京：中国人民大学出版社，2011.

[17] 陈明明. 在革命与现代化之间——关于党治国家的一个观察与讨论[M]. 上海：复旦大学出版社，2015.

[18] 孟祥馨，楚建义，孟庆云. 权力授予和权力制约 [M]. 北京：中央文献出版社，2005.

[19] 魏礼群，汪立凯. 中国行政体制改革报告（2016） [M]. 北京：社会科学文献出版社，2016.

[20] 魏礼群，汪立凯. 中国行政体制改革报告（2017） [M]. 北京：社会科学文献出版社，2017.

[21] 国务院行政审批制度改革工作领导小组办公室. 深化审批制度改革推进服务政府建设[M]. 北京：中国方正出版社，2008.

[22] 中国行政体制改革研究会研究部. 行政体制改革行与思[M]. 北京：国家行政学院出版社，2015.

[23] 李文良等编著. 中国政府职能转变问题报告[M]. 北京：中国发展出版社，2003.

[24] 赵勇. 大城市政府权力清单制度研究[M]. 北京：人民出版社，2018.

[25] 陶学荣. 公共行政管理学导论[M]. 北京：清华大学出版社，2005.

[26] 王成栋. 政府责任论[M]. 北京：中国政法大学出版社，1999.

[27] 曾凡军. 基于整体性治理的政府组织协调机制研究[M]. 武汉：武汉大学出版社，2013.

[28] 焦慧莹. 自贸区与负面清单[M]. 北京：中国财政经济出版社，2019.

[29] 简平. 权力清单三十六条[M]. 杭州：浙江文艺出版社，2018.

[30] 刘昌. 负面清单关系管理模式[M]. 西安：西安出版社，2018.

[31] 方杰. 外资准入负面清单管理模式研究 [M]. 北京：中国法治出版社，2018.

[32] 葛顺奇. 外商投资"负面清单"管理模式研究[M]. 北京：人民出版社，2018.

[33] 杨光斌. 当代中国政治制度导论[M]. 北京：中国人民大学出版社，2015.

[34] 杨光斌. 中国政府与政治导论[M]. 北京：中国人民大学出版社，2003.

[35] 张光南. 粤港澳服务贸易自由化"负面清单"升级版：清单方案、政策创新、示范[M]. 北京：中国社会科学出版社，2018.

[36] 方柏华，李黄骏. 政治学视域中的权力清单：基于浙江案例的研究[M]. 北京：中国社会科学出版社，2017.

[37] 金琴云. 权力清单中的百态人生：行政案件评析与法律风险提示[M]. 北京：中国检察出版社，2017.

[38] 聂平香. 我国外商投资负面清单管理模式研究[M]. 北京：中国商务出版，2016.

[39] 林珏. 区域自由贸易协定中"负面清单"的国际比较研究[M]. 北京：北京大学出版社，2016.

[40] 李津津. 外资负面清单管理模式与中国产业结构转型升级[M]. 上海：上海人民出版社，2016.

[41] 丁茂战. 我国政府社会事业治理制度改革研究[M]. 北京：中国经济出版社，2006.

[42] 王伟. 政府改革与制度创新[M]. 郑州：郑州大学出版社，2007.

[43] 李寿初. 中国政府制度[M]. 北京：中共中央党校出版社，2005.

[44] 叶托. 中国地方政府行为选择研究——基于制度逻辑的分析框架[M]. 广州：广东人民出版社，2014.

[45] 俞可平，托马斯·海贝勒，安晓波. 中共的治理与适应——比较的视野[M]. 北京：中央编译出版社，2015.

[46] 刘智峰. 国家治理论——国家治理转型的十大趋势与中国国家治理问题[M]. 北京：中国社会科学出版社，2014.

[47] 吕德文. 找回群众——重塑基层治理[M]. 北京：生活·读书·新知三联书店，2015.

[48] 周庆智. 在政府与社会之间——基层治理诸问题研究[M]. 北京：中国社会科学出版社，2015.

[49] 竺乾威. 公共行政理论[M]. 上海：复旦大学出版社，2008.

[50] 金江军，潘懋. 电子政务理论与方法[M]. 北京：中国人民大学出版社，2010.

[51] 黄恒学，张勇. 政府基本公共服务标准化研究[M]. 北京：人民出版社，2011.

[52] 竹立家，李军鹏. 公共管理学[M]. 北京：经济科学出版社，2012.

二、法规文件类

[1] 国务院办公厅.国务院办公厅关于印发国务院部门权力和责任清单编制试点方案的通知[Z]. 国办发〔2015〕92号.

[2] 国务院办公厅. 国务院办公厅关于印发"互联网+政务服务"技术体系建设指南的通知[Z]. 国办函〔2016〕108号.

[3] 国务院. 国务院关于印发2015年推进简政放权放管结合转变政府职能工作方案的通知[Z]. 国发〔2015〕29号.

[4] 中央编办，法制办. 中央编办、法制办关于深入推进和完善地方各级政府工作部门权责清单制度的指导意见[Z]. 中央编办发〔2018〕23号.

[5] 郑州市人民政府. 郑州市人民政府办公厅关于印发郑州市规范行政权力运行加强事中事后监管的实施方案的通知[Z]. 郑政办〔2016〕14号.

[6] 郑州市人民政府. 郑州市人民政府关于全面实施清单制度规范行政权力运行的通知[Z] 郑政文〔2015〕117号.

[7] 郑州市人民政府. 郑州市人民政府办公厅关于印发郑州市行政权责事项运行监督管理办法等"五单一网"制度改革配套机制的通知[Z]. 郑政办〔2016〕12号.

三、学术期刊类

[1] 赵守东，高洪贵. 地方政府权责清单制度的治理进路——以有为政府为分析框架[J]. 行政论坛，2021，28（2）.

[2] 王杰，张宇. 制度势能：政府权力清单制度的实施逻辑和效果差异考察[J]. 探索，2021（2）.

[3] 李珍刚，古桂琴. 清单式治理在中国公共领域的兴起与发展[J]. 江西社会科学，2020，40（8）.

[4] 郑曙村. 地方政府权力清单制的实践探索与优化思路[J]. 齐鲁学刊，2020（4）.

[5] 李军鹏. 新时代现代政府权责清单制度建设研究[J]. 行政论坛，2020，27（3）.

[6] 朱光磊，赵志远. 政府职责体系视角下的权责清单制度构建逻辑[J]. 南开学报（哲学社会科学版），2020（3）.

[7] 孙彩红. 权力清单制定与实施的逻辑分析与发展路径[J]. 中国行政管理，2020（4）.

[8] 刘启川. 权力清单推进机构编制法定化的制度建构——兼论与责任清单协同推进[J]. 政治与法律，2019（6）.

[9] 周海源. 行政权力清单制度深化改革的方法论指引[J]. 政治与法律，2019（6）.

[10] 康琳娜. 行政权力清单制度新探[J]. 北方法学，2019，13（2）.

[11] 徐军，王国栋. 省级权责清单差异性研究：原因、问题、规范[J]. 深圳大学学报（人文社会科学版），2019，36（2）.

[12] 石亚军，王琴. 完善清单制：科学规范中的技术治理[J]. 上海行政学院学报，2018，19（6）.

[13] 陈斯彬. 权力清单的两个面向及其效力[J]. 求索，2018（5）.

[14] 刘启川. 通过责任清单实现政务公开法治化[J]. 中国行政管理，2018（7）.

[15] 刘启川. 独立型责任清单的构造与实践基于31个省级政府部门责任清单实践的观察[J]. 中外法学，2018，30（2）.

[16] 邹东升，陈思诗. 党的十八大后中国省级政府权力清单制度创新的扩散——基于政策扩散理论的解释[J]. 西部论坛，2018，28（2）.

[17] 王芃,丁先存. 县级政府"权力清单"的实践与反思[J]. 江淮论坛,2018（1）.

[18] 陈升,王梦佳,李霞. 有限政府理念下行政审批改革及绩效研究——以浙、豫、渝等省级权力清单为例[J]. 公共行政评论,2017,10（4）.

[19] 沈荣华,冯英. 权责清单制定中的难题与对策[J]. 中国行政管理,2017（7）.

[20] 杨正. 运行机制、效果转化与权力清单制度完善[J]. 重庆社会科学,2017（5）.

[21] 袁刚. 权力清单公示不能搞形式主义[J]. 人民论坛,2017（10）.

[22] 汝绪华,汪怀君. 政府权力清单制度：内涵、结构与功能[J]. 海南大学学报（人文社会科学版）,2017,35（2）.

[23] 董成惠. "权力清单"的正本清源[J]. 北方法学,2017,11（2）.

[24] 唐亚林,刘伟. 权责清单制度：建构现代政府的中国方案[J]. 学术界,2016（12）.

[25] 赵勇. 省级政府责任清单的两种模式及其启示[J]. 天津行政学院学报,2016,18（6）.

[26] 张力,任晓春. 论我国权力清单制度的运行逻辑与现实考量[J]. 东南学术,2016（5）.

[27] 林蔚文,林明华. 地方政府部门责任清单制度的理论与实践[J]. 福建论坛（人文社会科学版）,2016（5）.

[28] 赵勇. 推进流程再造与建设"整体性政府"——大城市政府构建权力清单制度的目标指向[J]. 上海行政学院学报,2019,20（1）.

[29] 王湘军,李雪茹. 从"碎片化"到"整体化"：清单管理制度健全路径探论[J]. 行政论坛,2019,26（2）.

[30] 高旭,曾小锋. "三张清单"制度：理论逻辑、现实困境与突破路径[J]. 宁夏社会科学,2016（3）.

[31] 孟鸿志,张彧. 政府信息公开主体的重构以"三张清单"制度为路径[J]. 行政法学研究,2016（1）.

[32] 周文彰. 行政体制改革如何制定好三张清单[J]. 中国行政管理,2016（4）.

[33] 刘启川. 共通性：权责清单与机构编制法定化关系解读[J]. 内蒙古社会科学（汉文版），2019，40（5）.

[34] 陶立业. 论地方政府权责清单制度的执行梗阻[J]. 学术界，2021（4）.

[35] 谭波. 权责统一：责任型法治政府建设的基本思路[J]. 西北大学学报（哲学社会科学版），2020，50（4）.

[36] 解胜利，吴理财. 从"嵌入—吸纳"到"界权—治理"：中国技术治理的逻辑嬗变——以项目制和清单制为例的总体考察[J]. 电子政务，2019（12）.

[37] 刘桂芝，崔子傲. 地方政府权责清单中的交叉职责及其边界勘定[J]. 理论探讨，2019（5）.

[38] 陶立业. 地方政府工作部门权责清单制度效用的提升路向[J]. 江淮论坛，2019（5）.

[39] 陶立业，刘桂芝. 地方政府权责清单中交叉职责的规制理路[J]. 深圳大学学报（人文社会科学版），2019，36（4）.

[40] 梁远. 让权责清单在落地运用中结出制度硕果[J]. 中国行政管理，2018（8）.

[41] 袁维海，沈荣华，姚玫玫. 打造权责清单升级版的改革探索——基于对安徽省推行权责清单制度的调研[J]. 中国行政管理，2018（8）.

[42] 罗亚苍. 权力清单制度的理论与实践——张力、本质、局限及其克服[J]. 中国行政管理，2015（6）.

[43] 郑俊田，邰媛莹，顾清. 地方政府权力清单制度体系建设的实践与完善[J]. 中国行政管理，2016（2）.

[44] 刘同君，李晶晶. 法治政府视野下的权力清单制度分析[J]. 法学杂志，2015，36（10）.

[45] 喻少如. 权力清单制度中的公众参与研究——兼论权力清单之制度定位[J]. 南京社会科学，2016（1）.

[46] 王太高. 权力清单："政府法治论"的一个实践[J]. 法学论坛，2017，32（2）.

[47] 赵勇. 地方政府权力清单制度的构建——以浦东新区为例的分析[J]. 上海行政学院学报，2016，17（6）.

[48] 田进, 杨正. 同质与差异: 省级政府权力清单制度推行政策的文献计量分析[J]. 情报杂志, 2017, 36 (5).

[49] 唐亚林. 权力分工制度与权力清单制度: 当代中国特色权力运行机制的建构[J]. 理论探讨, 2015 (3).

[50] 刘延海. 地方政府权力清单构建中的演化博弈行为——面向压力、竞争与回应条件的探索[J]. 经济体制改革, 2015 (5).

[51] 麻宝斌, 贾茹. 权力清单制度的理论分析与现实检视[J]. 探索, 2016 (3).

[52] 杜敏. 权力清单制度: 理论维度、现实困境与发展展望[J]. 科学社会主义, 2015 (5).

[53] 陈大为. 内在契合: 建设法治政府与推行权力清单制度的关系研究[J]. 河南社会科学, 2020, 28 (1).

[54] 于琳琳. 地方政府权力清单的多维度诠释[J]. 重庆社会科学, 2015 (11).

[55] 赵谦, 何佳杰. 地方政府权力清单制度的"困境摆脱"[J]. 重庆社会科学, 2017 (4).

[56] 胡于凝. 权力清单制度的动力与阻力探究[J]. 天津行政学院学报, 2016, 18 (4).

[57] 田洋洋. 权力清单制度对政府治理能力现代化的功能研究[J]. 东南大学学报 (哲学社会科学版), 2017, 19 (S1).

[58] 张曼. 权力清单制度的作用机理与实施条件[J]. 理论视野, 2015 (3).

[59] 杜玥昀. 权力清单制度的定位与调适[J]. 南京政治学院学报, 2017, 33 (3).

[60] 刘云亮. 权力清单视野下规制政府有形之手的导向研究[J]. 政法论丛, 2015 (1).

[61] 陈坤, 仲帅. 权力清单制度对简政放权的价值[J]. 行政论坛, 2014, 21 (6).

[62] 谢建平. 权力清单制度: 国家治理体系和治理能力现代化的制度性回应[J]. 华东师范大学学报 (哲学社会科学版), 2014, 46 (6).

[63] 薛瑞汉. 市县政府推行权力清单制度问题研究[J]. 中州学刊, 2016（1）.

[64] 蒋德海. "权力清单"应慎行——我国政务管理之法治原则反思[J]. 同济大学学报（社会科学版）, 2015, 26（5）.

[65] 谭海波, 蒙登干, 王英伟. 基于大数据应用的地方政府权力监督创新——以贵阳市"数据铁笼"为例[J]. 中国行政管理, 2019, 4（5）.

[66] 黄其松. 权力监督的类型分析——基于"制度—技术"的分析框架[J]. 中国行政管理, 2018, 4（12）.

[67] 李红勃. 迈向监察委员会：权力监督中国模式的法治化转型[J]. 法学评论, 2017, 35（3）.

[68] 杨解君. 全面深化改革背景下的国家公权力监督体系重构[J]. 武汉大学学报（哲学社会科学版）, 2017, 70（3）.

[69] 吴永生. 权力监督与国家治理能力现代化[J]. 理论探索, 2015, 4（2）.

[70] 苏常禄. 官员激励、政府治理与权力监督[D]. 天津：南开大学, 2013.

[71] 靳文辉. 制度竞争、制度互补和制度学习：地方政府制度创新路径[J]. 中国行政管理, 2017, 4（5）.

[72] 郁建兴, 黄亮. 当代中国地方政府创新的动力：基于制度变迁理论的分析框架[J]. 学术月刊, 2017, 49（2）.

[73] 路阳, 庄虔友. 参与式治理视角下的地方政府制度创新[J]. 云南社会科学, 2011, 4（3）.

[74] 彭景阳. 地方政府制度创新的行为分析与路径选择[J]. 理论月刊, 2008, 4（3）.

[75] 朱司宾, 张明毫. 电子政务与政府制度创新[J]. 情报科学, 2007, 4（3）.

[76] 王伟. 中国地方政府制度创新研究综述[J]. 公共管理学报, 2005, 4（3）.

[77] 傅大友, 芮国强. 地方政府制度创新的动因分析[J]. 江海学刊, 2003, 4（4）.

[78] 陈天祥. 中国地方政府制度创新的角色及方式[J]. 中山大学学报（社会科学版），2002，4（3）.

[79] 陈天祥. 中国地方政府制度创新的利弊分析[J]. 天津社会科学，2002，4（2）.

[80] 郭小聪. 中国地方政府制度创新的理论：作用与地位[J]. 政治学研究，2000，4（1）.

[81] 喻锋，梁绮琪. 行政执法有否依据权责清单?——基于 G 市案例的实证分析[J]. 党政研究，2020，4（2）.

[82] 天津市委编办. 深化权责清单制度建设构建权责明确、依法行政的政府治理体系[J]. 中国机构改革与管理，2020，4（2）.

[83] 刘素君，关兴丽. 治理能力现代化视域下地方政府权责清单制度实施研究[J]. 辽宁行政学院学报，2019，4（3）.

[84] 青州市委编办. 党政机构改革后政府部门权责清单规范调整的思考[J]. 机构与行政，2019，4（3）.

[85] 马岭，苏艺. 全面推行政府权责清单制度的法治意义[J]. 学习与探索，2018，4（11）.

[86] 程慧. 地方政府权责清单制度建设问题与对策研究[J]. 河北师范大学学报（哲学社会科学版），2017，40（5）.

[87] 徐刚，杨雪非. 区（县）政府权责清单制度象征性执行的悖向逻辑分析：以 A 市 Y 区为例[J]. 公共行政评论，2017，10（4）.

[88] 石瑛. 供给侧改革视角下的政府职能转变[J]. 长白学刊，2017，4（1）.

[89] 陈向芳. 基于清单管理模式的政府权责边界构建问题研究[J]. 理论导刊，2017，4（1）.

[90] 杨洪，冯现学. 以编制权责清单为突破口建设法治和服务型政府[J]. 中国机构改革与管理，2014，4（9）.

[91] 王友奎，周亮，张少彤，等. "互联网+"战略下中国政府网站发展的新要求与新趋势[J]. 电子政务，2016，4（2）.

[92] 鲁泽汉，周实. 建立权责清单监督管理机制问题探究[J]. 沈阳干部学刊，2017，19（6）.

［93］刘华. 政府权责清单制度的问题与对策研究[J]. 行政科学论坛，2018，4（7）.

［94］李卉，刘晓峰，余平平. 县乡关系视角下的权力清单制度改革——基于安徽省繁昌县的实证调查[J]. 东岳论丛，2017，38（6）.

［95］商金芳，马亚敏，纪芬叶. 行政权责清单制度的建设与完善[J]. 共产党员（河北），2016，4（30）.

［96］刘玮枫，蔡华平，熊光祥. 权责清单制度对地方政府治理现代化推进作用的实践与思考——以宁波市江东区为视角[J]. 宁波经济（三江论坛），2016，4（7）.

［97］蓝蔚青. 在权责清单下政府职权的三维配置优化[J]. 党政研究，2016，4（1）.

［98］Tomasz Janowski. Digital government evolution: From transformation to contextualization[J]. *Government Information Quarterly*, 2015, 32(3): 221-236.

［99］Chen Shaoling et al. Government-decentralized power: Measurement and Effects[J]. *Emerging Markets Review*, 2020 : 100769.

［100］Jenny S. Martinez. Inherent Executive Power: A Comparative Perspective[J]. *The Yale Law Journal*, 2006, 115(9).

［101］Hong-Ping QIU. *Introduction to the Basis of Implementing the Power and Responsibility List System in China*[C]., 2018.

［102］Hong Gao and Adam Tyson. Power List Reform: A New Constraint Mechanism for Administrative Powers in China[J]. *Asian Studies Review*. 2018, 42: 125-143.

［103］Ilcan Suzan. Privatizing responsibility: public sector reform under neoliberal government[J]. *Canadian review of sociology*, 2009, 46(3).

［104］Toke S. Aidt. Public finance and public policy: a new textbook[J]. *European Journal of Political Economy*, 2004, 20(3).

［105］ZHEN ZHAO, SHUYANG OU. The Thinking of "Negative List" Management Mode Implemented by Administrative Approval System[J]. *Canadian Social Science*, 2014, 10(4).

［106］Chen Yi and Huang Yingfei. The power of the government[J].

Demographic Research, 2020(42).

［107］Fujun Feng. On the Construction of the Contemporary Power Supervision System in China[J]. *Scientific and Social Research*, 2019, 1(2).

［108］Jun Ma. Defining the limits of local government power in China: The relevance of international experience[J]. *Journal of Contemporary China*, 1995, 4(10).

［109］Gary Sigley. Chinese Governmentalities: Government, Governance and the Socialist Market Economy[J]. *Economy and Society*, 2006, 35(4).

［110］Kong Feng and Sun Shao. Understanding the Government Responsibility and Role of Enterprises' Participation in Disaster Management in China[J]. *Sustainability*, 2021, 13(4).

［111］Nico Steytler. The powers of local government in decentralised systems of government: managing the 'curse of common competencies'[J]. *Comparative and International Law Journal of Southern Africa*, 2005, 38(2).